Échapper aux manipulateurs:
Les solutions existent! de Christel Petitcollin

Copyright ⓒ Guy Trédaniel Éditeur, 2007
Korean Translation Copyright ⓒ Bookie Publishing House, 2012
This Korean edition was published by arrangement with Guy Trédaniel Éditeur
through Shinwon Agency, Seoul.

내 인생
꼬이게 만드는
그 사람
대처법

ÉCHAPPER
aUX
MANIPULA
teurS

크리스텔 프티콜랭 지음
이세진 옮김

나는 왜 그에게 휘둘리는가

부·키

지은이 크리스텔 프티콜랭(Christel Petitcollin)은 신경언어학, 에릭슨 최면요법, 교류분석 등을 공부하고 심리치료사, 자기계발 강사, 작가로 활동하고 있다. 인간관계에 특히 관심을 갖고 20년 이상 모든 종류의 인간관계에서 나타나는 심리적 조종을 다루어 왔다. 『나는 생각이 너무 많아(Je pense trop)』『나는 생각이 너무 많아 생존편(Je pense mieux)』『귀 기울이는 법을 배우라(Apprenez à écouter)』 등을 출간했다. 프랑스 국영방송 및 지역방송에 출연하고 여러 매체에 칼럼을 쓰는 등 활발한 활동을 통해 독자와 청중 들을 만나고 있다.

옮긴이 이세진은 서강대학교 철학과와 같은 학교 대학원 불어불문학과를 졸업했다. 크리스텔 프티콜랭의 『나는 생각이 너무 많아』『나는 생각이 너무 많아 생존편』을 비롯해 『유혹의 심리학』『나르시시즘의 심리학』『나라서 참 다행이다』『내 안의 어린아이』 등 심리학 관련 서적을 여러 권 우리말로 옮겼다.

나는 왜 그에게 휘둘리는가

2015년 9월 18일 초판 1쇄 발행 | 2023년 9월 1일 초판 7쇄 발행

지은이 크리스텔 프티콜랭 | 옮긴이 이세진 | 펴낸곳 부키(주) | 펴낸이 박윤우 | 등록일 2012년 9월 27일 | 등록번호 제312-2012-000045호 | 주소 03785 서울 서대문구 신촌로3길 15 산성빌딩 6층 | 전화 02)325-0846 | 팩스 02) 3141-4066 | 홈페이지 www.bookie.co.kr | 이메일 webmaster@bookie.co.kr | 제작대행 올인피앤비 bobys1@nate.com | ISBN 978-89-6051-510-9 03180

* 이 책은 『굿바이 심리 조종자』(2012)의 복간 도서입니다.
책값은 뒤표지에 있습니다. 잘못된 책은 구입하신 서점에서 바꿔 드립니다.

ÉCHAPPER
AUX
MANIPULA
TEURS

이러다 내가
미치는 게 아닐까?

여기 나에게 처음으로 상담을 받으러 온 사람이 있다.

남자냐, 여자냐는 중요하지 않다. 그가 스트레스에 찌들어 툭툭 던지는 말은 상당히 격앙되어 있다. 말이 빨라지는가 싶더니 이따금 날카롭게 고조되고 다시 불규칙하고 다급한 리듬을 되찾는다. 내용도 들쭉날쭉 산만하기 그지없다. 어떤 얘기를 하다가 갑자기 별 연관도 없는 다른 얘기로 넘어가고, 아마도 자기 혼자 골백번은 곱씹었을 상황들을 묘사한다. 자기가 숱하게 곱씹었던 일이니까 마치 나도 당연히 알고 있다는 양, 상대방이 알아듣게 설명해야 한다는 생각조차 못하는 것 같다. 지나치게 사소한 요소에 집착하거나 별일도 아닌데 구구절절 변명을 늘어놓아서 헛소리를 하는 것처럼 보이기도 한다.

이처럼 일관성 없어 보이는 이야기에서 스트레스, 수치심, 두려움, 한 없는 죄의식, 엄청난 무력감, 무엇보다도 극도의 좌절감이 뚝뚝 떨어진다. 자기 할 말을 웬만큼 쏟아 내고 나면 대개 늘 똑같은 질문에 이른다.

"내가 지금 미쳐 가고 있는 걸까요?"

"혹시 주위의 누구 때문에 특히 힘들다든가, 그런 대상이 있습니까?"

그러자 그는 처음으로 진정하는 기색을 보인다. 그의 대답은 안도의 한숨에 가깝다.

"네, 엄마요!"

그 대상은 아내, 남편, 시어머니, 동생, 딸, 이웃집 여자, 직장 상사일 때도 있다. 누구라고 대답하느냐는 중요치 않다.

찰나의 순간이지만, 그는 자신의 문제를 파악한 것처럼 보인다. 안락 의자에 편안하게 몸을 기대고 정상적으로 숨을 쉬기 시작한다. 하지만 그러한 상태는 오래가지 않는다. 금세 다시 뻣뻣하게 경직된다. 자신을 괴롭히는 그 사람을 고발하는 대죄를 저질렀다는 사실을 깨닫고는 무 엇인가를 겁내듯 방금 지목한 대상을 싸고돌기 바쁘다. "어려서부터 정말 힘들게 자랐거든요! 불행에 찌들어서 그렇게 된 거예요! 자기 딴에는 최대한 잘하려고 애쓰는 거예요, 정말로요!"

하지만 어찌할까나, 퍼즐 조각들은 착착 들어맞는다. 그의 상대는 그가 '힘들어하는' 거짓말을 하고, 자기가 한 말을 제멋대로 뒤집고, 악의를 드러낸다. 그의 신망을 떨어뜨리고, 그를 비난하고 폄하한다. 만족할 줄을 모르고, 언제나 불평불만을 일삼고, 남들을 위협하고, 죄의식을 자극한다. 사회적으로 흠잡을 데 없는 겉모습 뒤에 미숙하고 비열하고 못된 모습을 감추고 있다. 주위 사람들의 삶을 좀먹는 심리 조종자, 그가 바로 우리가 상대해야 하는 사람이다.

심리 조종 피해자들의 이야기에서 가장 인상적인 것은 바로 끊임없이 되풀이되는 반복성이다. 심리 조종자들의 프로필은 희한하리만치 표준화되어 있으며 매우 동일한 특징을 보인다. 그들의 인간관계도 늘 똑같은 성격을 띠고, 어디서 많이 본 듯한 모습을 어김없이 드러낸다. 물론 동일한 원인은 동일한 결과를 낳는 법이니, 이러한 정신적 지배 관계는 매번 동일한 영향을 끼치고 마음의 병이 육신의 병으로 이어진다는 점에서 동일한 결과를 낳는다.

처음에 나는 이러한 고백들의 유사성에 주목했고, 이어서 그 이야기들의 공통된 특징에 호기심을 품고 구체적으로 어떤 점이 비슷한가를 비교 분석했다. 그러다 심리 조종의 수수께끼에 완전히 매혹되어 10년이 넘도록 집중적으로 연구하기에 이르렀다. 그리고 이 문제에 대해 누구보다 잘 알게 된 지금도 여전히 흥미롭다.

심리치료사로서 나는 사람들이 정신적 지배에서 벗어나 자율성을 되찾도록 도와주는 내 일을 사랑한다. 오랜 악몽에서 깨어나 명철한 의식을 회복하고, 문제를 해결하려고 노력하고, 자기 입장을 정립하고, 차분하게 자기주장을 내세우고, 그렇게 해서 마침내 스스로 자신들이 갇혀 있던 감옥의 문을 여는 것을 보면 더없이 기쁘다.

그들이 지배에서 벗어나 행동할 힘을 되찾을 때 심리 조종자는 영향력을 잃고 빈손이 된다. 남을 조종하는 재주밖에 없는 심리 조종자는 점점 더 노골적으로 끈나풀을 잡아당기다가 결국은 우스꽝스러운 꼴, 나아가 추잡한 꼴을 보이고 만다. 이쯤 되면 옛날에는 부담스러웠던 상황들도 그냥 우스워 보일 뿐이다. 지배 관계에서 빠져나오면 비극이 익살스러운 촌극으로 바뀐다.

우리는 이 책에서 '심리 조종'과 '심리 지배'라는 주제를 함께 살펴볼 것이다. 어떤 때에 이러한 용어를 쓸 수 있는가? 실제 심리 조종자는 어떤 사람인가? 그를 어떻게 알아보는가? 그의 목표는 무엇인가? 그의 행동은 어떤 폐해를 낳는가? 그는 어떻게 다른 사람을 장악하는가? 어떤 사람이 심리 조종에 잘 걸려드는가? 우리의 행동방식 중 어떤 점이 심리 조종에 취약한가? 무엇보다 그의 손아귀에서 빠져나와 그가 더 이상 우리의 신체적, 정신적 영역을 침해하지 못하게 하려면 어떻게 해야 할까?

심리 조종은 두려움을 자아내는 동시에 매혹적이다. 우리가 어린 시절에 품었던 전능성의 환상, 즉 무엇이든 마음대로 생각하고 행동해도 된다고 믿고 싶은 욕구에 부응하기 때문이다. 우리는 심리 조종에 극단적으로 반응하는 경우가 많다. 지나치게 축소해서 생각하든가 극적으로 과장하든가 둘 중 하나인 것이다. 그렇기에 상황을 객관적으로 바라보기란 매우 어렵다. 조종당하는 입장이든, 조종하는 입장이든 자신의 모습을 깨닫는 게 두렵기도 하다.

여기저기서 심리 조종을 이야기한다. 심리 조종으로 볼 수 없는 관계를 그렇게 부르기도 하고, 반대로 명명백백한 심리 조종을 무시하거나 부정하기도 한다. '지배의 분위기'는 상황이 더 심각하다. 대부분의 사람들이 이러한 낌새를 분별하거나 파악하지 못한다. 그래서 많은 이들이 '심리 조종'이라는 용어를 정치인의 수작, 마케팅 전략, 종파나 당파의 지배와 관련하여 생각하지, 일상생활에서 떠올리는 경우는 훨씬 드물다. 하지만 가족의 정을 이용한 거짓말, 직장에서의 파워게임, 커플 사이의 예속 관계, 우정을 앞세운 지나친 간섭 등에서 우리는 이미 '지배'를 엿볼 수 있다. 이런 일은 정말 흔하다. 우리가 모를 뿐이다.

우리의 무지는 심리 조종자라는 해롭고 파괴적인 무리에게 유리하게 작용할 뿐이다. 덕분에 그들은 믿을 수 없으리만치 대가도 치르지 않고 유유히 빠져나간다. 그들의 행동이 사회에는 보이지 않게 엄청난 비용을 초래하는데도 말이다. 공공보건의 관점에서 이 약탈자들은 사람들에게 스트레스, 질병, 다양한 신체적 증상 및 우울증을 일으키는 직접적 원인이 되고 있다. 회사 내에서도 그들의 무능, 꼼수와 게으름, 파워게임, 그들이 불러일으키는 사기 저하와 인력 교체는 생산성을 크게 떨어뜨린다. 사실 심판이 필요한 사안의 상당수는 심리 조종자들이 만들기 좋아하는 말싸움, 그들이 고의로 한껏 왜곡하고 악화시킨 말싸움의 직접적인 결과일 뿐이다. 그렇기에 많은 직업군에서 심리 조종자들의 프로필과 행동방식에 대해 잘 알게 되면 효율성과 평온함 측면에서 실속을 거둘 수 있을 것이다. 의사, 회사원, 법조인, 교사, 경찰 등 어느 직업에서든 그렇다.

심리 조종자들의 목표는 언제나 똑같다. 남들을 희생시켜 자신의 우선순위를 채우는 것이다. 간단하면서도 절묘한 그들의 수법은 언제나 기막힌 효력을 발휘한다. 사람들은 흔히 심리 조종자들이 아주 영리하고 그에게 걸려드는 사람은 우둔하다고 생각한다. 하지만 우리는 누군가에게 심리 조종을 당한 경험이 한 번쯤 있지 않은가. 우리가 너무 순진해서 그런 술수에 걸려들었을까?

지배의 메커니즘은 은밀하게, 점진적으로 자리 잡기 때문에 감지하기가 어렵다. 지배 관계에 있거나 집요하게 시달림을 당하면서도 그것을 자각조차 못하는 이들이 얼마나 많은지 모른다. 그들은 끊임없이 불안해하며 스트레스를 받는다. 신체적 징후들도 하루가 다르게 늘어 간다. 사람을 소외시키는 관계의 거미줄에 얽매인 채 빠져나갈 방법을 절망적으로 찾는 그들은 자기가 미쳐 간다고 생각할지언정 주위의 누군가가 흡혈귀처럼 자신의 활력을 빨아먹고 자신을 은밀하게 궁지로 몰아가고 있다는 것은 깨닫지 못한다. 심각한 수준의 심리 조종이 장기간 계속된다면 정말로 사람 목숨을 빼앗을 수도 있다.

지배 관계는 심각한 정도가 저마다 다르다. 대수롭지 않은 지배도 있을 수 있다. 남을 못살게 구는 사람이(부모, 배우자, 직장 상사 등) 만족을 모르고 늘 새로운 문제를 만들어 내는 성격을 가졌을 뿐 악의는 없을 수도 있다. 그다음 단계는 더 집요하고도 음흉하여 겉으로는 잘 드러나지 않는 정신적 괴롭힘이다. 다른 사람을 망가뜨리려는 계획은 정신적 괴롭힘에 그치지 않고 신체적 폭력, 고문, 강간, 살인으로까지 치달을 수 있다. 같은 맥락에서 심리 조종자들은 대단히 변태적이거나 찾아보기 힘들 만큼 잔인한 인물일 수도 있다. 이 책에서 그들의 비열하고 사악한 면모들을 잠깐 언급하겠지만, 그들의 심리 조종 술책 자체는 파괴적 의도가 얼마나 농후하고 폭력적인가와 상관없이 늘 비슷한 양상을 띠고 있다.

정신적 지배에 대한 책을 써서 경각심을 일깨운다는 게 말은 그럴싸하다. 실제로 알코올중독자, 마약중독자, 폭력을 휘두르거나 타인을 혹사하는 사람들과 함께 사는 이에게 심리학책은 별 쓸모가 없을 것이다. 확실한 조언은 최대한 빨리 피하라는 것, 즉 신체적으로, 법적으로 거리를 두고 전문가들의 도움을 받으라는 것이다. 이것이 완전 비극적인 상황에서 제시할 수 있는 유일한 조언이지만, 나는 이 조언 또한 받아들여지지 않을 수 있다는 것을 경험상 잘 알고 있다. 정신적으로 지배를 당하면서도 그게 얼마나 위험한지 자각하지 못하는 사람이 어떻게 조언을 받아들일 수 있겠는가. 때로는 완만하고 느린 성숙을 거쳐야만 비로소 행동을 취할 수 있다. 그렇다면 완전히 손을 놓고 있느니 문제를 이해하고 활로를 모색하기 위해 이 주제를 다룬 책을 읽어 보는 게 낫지 않을까? 알아서 조심하고 피하라는 조언이 먹히지 않는 극적인 경우라면, 이 책이 최소한 도망칠 수 있는 힘과 용기를 불러일으키는 데 도움을 줄 수는 있을 것이다.

이 책은 상업적, 정치적, 종교적 심리 조종 문제는 다루지 않는다. 심리 조종 영역은 매우 방대하기 때문에 나는 선택을 해야 했다. 평범하고 일상적인 심리 조종, 가장 널리 퍼져 있으며 대다수의 사람들과 관련된 심리 조종을 주로 다루기로 했다. 가정, 친구 관계, 직장 등에서 지배에 시달리는 이들을 위한 책인 셈이다.

심리 조종자의 영향력에서 벗어나고는 싶은데 갈 길은 너무 멀고 여기저기 함정이 도사리고 있을 때가 있다. 나는 바로 그 먼 길을 동행하며 여러분을 노리는 함정들을 알려 주기로 마음먹었다. 이 책은 심리 조종자의 지배에서 벗어나 자유로운 삶을 회복하는 과정을 그대로 따라간다.

나의 목표는 피해자가 착각을 말끔히 몰아내고 모든 상황을 있는 그대로 명확히 보게끔 이끄는 것이다.

- 어떤 것들이 심리 조종의 실마리가 되는가?
- 지배와 괴롭힘이란 무엇인가?
- 심리 조종자는 어떤 사람인가?
- 심리 조종자의 목표는 무엇인가?
- 심리 조종자의 수법은 어떠한가?
- 어떤 사람이 피해자가 되며 구체적으로 어떠한 피해를 입는가?
- 무엇보다도 어떻게 자신을 보호하고, 함정을 피하고, 명령에 저항

하고, 자존감과 자신의 본모습을 회복하여 자유로운 의지와 행동을 되찾을 것인가?

이 책을 쓰면서 여러 가지 어려움에 부딪쳤다. 우선 '조종자'라는 어휘가 걸렸다. '조종자'라는 단어를 반복하지 않으려면 어떻게 해야 하는지, 그 의미에 부합하는 다른 낱말이 없는지, 즉 내가 계속 언급하는 그들을 뭐라고 지칭해야 하는지가 고민이었다.

'자기애적 도착자'라는 용어도 있지만 몇 가지 문제가 있었다. 첫째, 최근 들어 이 용어의 의미가 변질되었다. 여기저기서 별의별 상황에 적절하지 않은 의미로 끌어다 쓰는 이들이 많다 보니, 원래 의미가 퇴색하기에 이른 것이다.

둘째, 권모술수가 뛰어난 계산적 인간이라기보다는 엉큼한 조무래기에 가까운 이 미성숙한 인간들에게 '자기애적 도착자'라는 명칭은 과분하다는 생각이 들었다.

셋째, 사악하게 묘사해 봤자 결국 그들에게 이로운 일이 될 뿐이다. 그들은 공포를 불러일으키는 데서 힘을 얻기 때문이다. '약탈자'라는 표현을 자제하려고 애쓴 것도 같은 이유에서다. 그러한 표현은 그들을 은근히 떠받드는 한편, 보통 사람들의 불안을 가중시킨다. 나는 이 책에서 그들을 너무 대단하게 여기지 말라고 권고하는 한편, 심리 조종 문제를 결코 가벼이 보아서는 안 되며 조종을 당하는 사람들의 괴로움 또한 간과할 수 없음을 강조할 것이다.

결국 '조종자' 또는 '심리 조종자'가 가장 적합하다고 생각되었고, 그런 이유로 이 용어는 이 책의 처음부터 끝까지 쉴 새 없이 등장할 것이다. 행여 여러분의 독서가 지루해질까 미리 양해를 구한다.

이 책의 얼개를 짜는 일도 생각 외로 어려웠다. 심리 조종에 대한 자료는 매우 다양하고 미묘하면서도 주관적이다. 어떤 것은 근본적인 중요성을 띠고, 또 어떤 것은 일화적인 의미밖에 없다. 이러한 자료들이 서로 교차하면서 촘촘하게 맞물려 단단한 짜임새를 이룬다. 그런 심리적 그물 속에서 조종당하는 사람은 옴짝달싹 못할 것이다.

나는 이 책을 쓰면서, 특히 처음 몇 장을 집필하는 동안 극심한 혼란 속에서 얽히고설킨 요소들을 하나하나 세심하게 풀어 나가는 기분에 사로잡히곤 했다. 처음에는 안개 속을 헤치고 나아가는 것 같지만 나중에는 다 명쾌하게 설명될 거라고 생각하며 실타래를 한 올, 한 올 풀어 나갔다. 또 꼬이고 묶인 데가 드러나도록 펼쳤다. 여러분도 이 책을 읽어 나가면서 심리 조종의 성격을 파악하고 스스로 이 문제의 다양한 면을 연결해서 바라보게 될 것이다. 나는 심리 조종 상황들을 관리하는 데 유용한 팁들을 최대한 제공할 것이다. 그런 가운데서 여러분 스스로 문제 해결의 재미를 느끼면 좋겠다. 마지막에는 심리 조종자의 단순하고 미성숙한 면이 오히려 측은해 보일 것이다.

이 책의 초고를 읽은 지인 몇 명은 책의 예화가 전부 실화라는 점을 명시했으면 좋겠다고 조언했다. 처음에 그들은 예화가 만화 뺨치게 기막히고 우스워서 내가 과장한 것이려니 생각했다고 했다. 절대 그렇지 않다. 분명히 말하지만, 나는 어떤 얘기도 지어내지 않았고 이 책에 실린 모든 예화는 내게 상담을 받으러 온 이들이 실제로 겪은 일이다. 그들의 익명성을 보장하기 위해 가명을 썼을 뿐, 조금도 더하거나 빼지 않았다. 실제로 이러한 일을 겪고 있는 사람들은 어디 가서 말하기도 어려운, 기막히고 어이없는 얘기가 저마다 한 보따리는 될 테니, 내가 과장하지 않았다는 것을 알고도 남을 것이다.

일단 사람과 사람 사이의 심리적 지배 관계의 실마리, 그리고 그것이 속박을 낳는 분위기를 파악하는 것부터 시작해 보자.

PREMIÈRE PARTIE: LE CLIMAT D'EMPRISE

Part 1
당신은 왜
그에게
휘둘리는가

당신은 혹시

나보다 남을

더 사랑하고 있지는

않은가

01
심리
조종

심리 조종이 과연 무엇인지 궁금할 것이다. 심리 조종은 언제 시작될까? 어떻게 작용할까? 어째서 그런 수작이 먹힐까? 누군가에게 영향력을 행사해야겠다고 마음먹는 순간부터 조종에 들어가는 걸까? 심리 조종은 사람의 고유하고도 역설적인 특징에 근거하여 작용한다.

- 사람은 서로 소통하며 살 수밖에 없다.
- 사람은 서로에게 영향력을 행사하며 살 수밖에 없다.

사람이라는 존재는 소통 없이 살 수 없다. 소통하고 싶어 하지 않을 때에는 역설이 두드러진다. 왜냐하면 소통에 대한 거부조차도 말이든,

행동이든, 어떤 식으로든 전달해야 하기 때문이다. 마찬가지로 우리는 서로에 대한 영향을 피할 수 없다.

내가 "오늘 내 옷 어때?"라고 물어본다면 상대가 뭐라고 대답하든 나는 그 대답에 영향을 받는다. 상대가 아무 대꾸를 하지 않는다 해도 그 자체가 하나의 반응이다. 무응답으로 나에게 아무 영향도 끼치지 않으려 했지만 나는 영향을 받는다. 바로 그렇기 때문에 한 사람의 태도는 다른 사람에게 영향을 주지 않을 수 없고, 인간관계는 상호 작용과 상호 영향의 네트워크를 이룰 수밖에 없다. 사람이라는 존재는 다른 이에게 열려 있고, 자연스럽게 영향을 주고받게끔 되어 있다.

태생적으로 암시에 잘 걸려드는 인간

사람은 소통하지 않을 수 없고 서로 영향을 미치지 않을 수 없기에 쉽사리 암시에 빠진다. '쿠에 요법'(자기암시요법)을 창시한 긍정적 사고방식의 선구자이자 프랑스의 약학자 에밀 쿠에(Émile Coué)는 이미 1902년에 이런 말을 했다. "상상력과 의지가 충돌할 때는 항상 상상력이 이긴다." 가령 당신이 뱀을 끔찍이 싫어한다고 치자. 문득 당신이 앉아 있는 바위 밑에 뱀이 똬리를 틀고 있는 것 같은 생각이 들었을 때 바위에 계속 앉아 있고 싶다는 의지는 상상이 불러일으킨 공포를 이기지 못할 것이다.

쿠에는 덧붙여 이렇게 말했다. "암시가 효과를 발휘하려면 무의식에 받아들여져 자기암시로 변화되어야 한다." 우리는 많은 경우 외부에서 주어지는 암시를 간단히 믿어 버리고 쉽게 내면화한다.

무의식에 암시를 건다고 하면 무슨 최면 상태라도 거쳐야 하는 것처럼 생각한다. 하지만 이러한 현상은 흔히 일어나며 우리 모두가 일상적으로 경험하고 있다. 본의 아닌 암시가 대부분이기는 하지만, 의도적으로 암시를 이용하는 것도 가능하다. TV 프로그램 중간에 삽입된 광고를 보다가 문득 맛있는 에스프레소를 한잔하고 싶다는 충동을 느끼지 않은 사람이 있을까? 방금 전에 커피 광고가 나온 것도 아니고 딱히 원인이랄 만한 것이 없는데도 그럴 수 있지 않은가. 암시는 그 전날 주어졌을 수도 있다. 그때의 암시가 감각체계를 통해 의식을 거치지 않고 무의식에 도달한 것이다.

암시의 효력을 좌우하는 척도에는 여러 가지가 있다.

- 암시에 잘 걸려드는 사람의 특성: 이것은 사람에 따라 다르다.
- 의식의 경계가 완화되는 정도: 최면에 빠지거나 단순히 주의력이 떨어질 때(몽상, 산만한 정신)는 물론이고, 반대로 어떤 일이나 생각에 강박적으로 집중할 때에도 의식의 경계는 풀어진다.
- 암시의 취지와 부합하는 개인의 삶이나 신념

그래서 스스로 아둔하다고 여기는 학생보다는 자신이 똑똑하다고 자신하는 학생이 시험에서 좋은 성적을 거두기 쉽다. 이것이 암시의 무서운 힘이다.

쿠에가 제안한 긍정의 토대는 "매일, 모든 면에서, 나는 조금씩 나아지고 있다."라는 방향에 있지만, 애석하게도 부정적 암시도 얼마든지 효과적으로 작용할 수 있다. "첩첩산중, 점입가경, 설상가상"을 철석같이 믿어 버리게 될 수도 있다는 말이다. 마찬가지로 아침에 눈을 떠서 밤에 잠자리에 들기까지 수시로 "쓸모없는 녀석!"이라는 말을 듣는 사람은 아무리 탄탄한 자존감을 지니고 있더라도 결국에는 자기 자신을 쓸모없는 존재라고 생각하게 될 것이다.

사람들 속 영향력, 그리고 심리 조종

어디까지를 영향력으로 보고 어디서부터를 심리 조종이라고 봐야 할까? 다른 사람에게 영향을 끼치는 것과 다른 사람을 조종하는 것의 가장 중요한 차이는 의도, 투명성, 다른 사람에게 행사하는 압박의 정도이다. 영향력을 행사하려는 사람은 대개 허심탄회한 태도를 취하며 상대가 잘되기를 바란다. 또 투명하게 드러내놓고 압박을 가하거나 실력을 행사하려고 한다. 반면에 심리 조종은 상대를 생각하기보다는 상대를 희생시켜 자신의 목표를 성취하려는 의도에서 나온다. 압박은 표 나지 않게 이루어지고, 합리적으로 보이는 주장 속에 말로 표현되지 않은 요구가 감추어져 있다.

일부 심리학책 저자들은 조종에도 몇 가지 미덕이 있다고 보았다. 심리 조종의 주된 목적은 거절을 피하는 데 있는데, 그것이 감지되지만 않으면 조종은 양쪽 모두에게 이로울 수도 있다. 조종하는 자는 거절당할 위험 없이 원하는 것을 얻을 수 있다. 조종당하는 자는 자기주장을 펼치거나 거부 의사를 밝힐 필요가 없기에 충돌을 피하면서도 자기 딴에는 자유롭게 행동했다고 믿을 수 있다. 나아가 심리 조종은 독재에 저항하는 반(反)권력, 태업의 수단이 될 수도 있다.

한편으로 어떤 설득 수법은 아주 흔하게 쓰인다. 아첨, 유혹, 과장, 축소, 반복, 공갈, 협박, 보복, 피해의식 조장, 압박, 위협, 폄하, 기만… 원하는 것을 얻을 수만 있으면 다 좋다. 아이들이라고 해서 이런 수법을 모르지 않는다. 아이들은 아주 어릴 때부터 부모를 자기 뜻대로 움직이도록 하기 위해 이런 수법을 사용한다. 미국의 저명한 심리학자 밀턴 에릭슨(Milton Erickson)은 아이들이 만 2세 무렵이면 간접 최면술의 귀재가 된다고 말하기도 했다. 힘도, 압박 수단도, 카리스마도, 설득 능력도 없는 사람이 목적을 이루기 위해 사용할 수 있는 방법은 심리 조종뿐이라는 것이 이해가 간다.

이런 식으로 상호 작용하는 사람이 많은 것을 보면, 실제로 심리 조종으로 자기 이익을 챙기는 사람은 분명히 있다. 결국 심리 조종은 권위도 없고 카리스마도 없는 이가 마지막으로 기대는 수단이라고 하겠다. 하지만 이러한 관계 방식은 존중과 신뢰 속에서 진실하고 건강한 소통을 배우지 못한 이들의 '부득이한 선택'일 뿐이다.

어떤 사람이 평소의 행동방식에서 벗어난 일을 '온전히 자신의 자유로' 한다고 착각하게 만드는 것 정도를 심리조종이라고 여기는 전문가들도 많다. J. L. 보부아(J. L. Beauvois)와 R. J. 줄(R. J. Joule)이 쓴 『인간조종법(Petit traité de manipulation à l'usage des honnêtes gens)』이라는 책은 사람을 마음대로 조종하면서도 그 사람에게 순전히 자기가 좋아서 그랬다는 착각을 불어넣는 온갖 수법들을 멋지게 분석해 보인다. 심리조종이 일시적이고 그 결과가 제한되어 있다면 이 정도 정의만으로도 충분하다.

하지만 심리 조종은 훨씬 더 장기적으로 영향을 미칠 수 있고 그런 식으로 자리 잡은 지배 관계는 또 다른 파급력을 지닌다. 심리 조종의 피해자는 차츰 기준을 잃어버린다. 지배 관계에서 휘둘리는 사람들은 부분적으로나마 부당한 제약, 압박, 협박을 의식할 수 있다. 그들은 자기들이 정말로 좋아서 이러고 사는 게 아니라는 것을 잘 안다. 그들은 함정에 빠진 기분, 무언가에 중독된 기분으로 두려움 속에서 살아간다. 그들이 이 정신적 감옥에서 벗어나지 못하는 이유는 어떻게 벗어나야 할지 모르기 때문이다. 이 정도 수준에 이르면 앞에서 전문가들이 말한 심리 조종의 정의로는 부족하다. 물론 그러한 정의가 지배 관계의 핵심을 짚고 있다는 점에는 변함이 없다.

정신적 지배

나는 지배 관계가 무엇인지, 그 관계의 메커니즘과 분위기가 어떠한지 사람들에게 알려 주는 일이 매우 중요하다고 생각한다. 지배당하는 사람을 흉보는 분위기가 팽배해 있기 때문이다. 정신적으로 시달리다 보니 피폐해진 사람들을 원래부터 정신 상태가 그랬으니까 그렇게 산다고 보는 경향이 있다. 많은 이들이 그저 어깨를 으쓱하면서 정신적 지배가 싫으면 자신의 자유의지로 "그만!"을 외치면 되지 않느냐고 말한다. 그러고는 금세 그 사람도 자기가 살 만하니 그러고 살겠지, 그 비열한 관계에서도 얻는 게 있으니 그러고 살겠지, 라고 속단한다. 요컨대 지배를 당하며 사는 사람은 자기가 좋아서, 득 보는 게 있어서 그렇게 산다는 얘기다.

이 같은 속단들이 집단의식의 온상이 된다. 실제로 지배 관계 밖에서 그것이 작동하는 방식을 구경할 때에는 일상의 괴롭힘, 심리적 프로그 래밍, 공갈, 위협, 지표의 상실을 직접 겪을 때 나타나는 함정이 보이지 않는다. 이럴 때 사람은 자기 자신의 소외에 스스로 가담하게 된다.

심리 조종의 피해자가 되기 이전에 엄청난 세뇌가 이루어진다는 점을 이해하는 것이 중요하다. 올리비에 클레르(Olivier Clerc)는 『구이 신세가 될 줄 몰랐던 개구리(La grenouille qui ne savait pas qu'elle était cuite)』에 서 냄비를 불 위에 올려놓은 줄도 모르고 냄비 속 찬물에서 유유히 헤엄 치는 개구리 이야기를 한다. 물은 미지근해지는가 싶더니 점점 뜨거워 지고 마침내 펄펄 끓는다. 이 개구리의 비유는 우리가 어떻게 반응도 제 대로 못해 보고 이러한 상황에 갇혀 버리는지 잘 보여 준다. 누구나 함 정에 빠질 수 있다. 정신적으로 문제가 있거나 마조히스트 성향이 있는 사람들만 조종당하리란 법은 없다.

정신적 지배란 무엇인가

지배 관계는 지배자가 피지배자에게 부지불식간에 영향력을 행사하 는 불평등한 관계다. 피지배자는 아주 희미하게 다른 사람이 관계를 장 악하고 있다고 자각한다. 이것을 정신의 '식민지화'라고 표현할 수도 있겠다. 정신적 지배는 정신 영역에 대한 명실상부한 침해이기 때문이다. 지배자는 피지배자가 별개의 인간으로 살아갈 권리를 부정할 뿐 아니라 피지배자의 개인적 욕망을 부정하고 차이를 거부한다. 개인 간의 경계가 차츰 흐릿해지면서 소외 관계가 만들어진다.

그는 어떻게 당신을 지배하는가

지배는 점진적으로, 단계적으로 자리를 잡는다.

침해

침해는 사적 영역에 부당하게 침입하는 것이다. 문제가 되는 것은 이러한 침입이 실제로 이루어지는 방식이다. 심리 조종자의 표적이 된 사람의 정신적 영토는 부지불식중에 음험하게 식민지화될 것이다.

심리 조종자들은 어디까지 함께해야 하고 어디서 그만둬야 할지, 그 지점까지의 심리적 거리를 아주 정확히 아는 것처럼 보인다. 그렇게 그들은 천천히, 체계적으로 한계를 조금씩 넘어오기를 반복하여 마침내 당신 개인의 영역을 몽땅 잠식할 것이다. 그러고 나서 파렴치하게도 문이란 문은 전부 다 부쉈구나 싶을 때 본색을 드러낼 것이다. 분별없이 상대를 염탐하고, 노골적인 질문을 던지고, 남의 영역에 함부로 버티고

서서 당신의 정신적, 신체적 내밀함마저 파고들 것이다. 당신의 영토 중 어느 한구석도 그들에게 정복되지 않는 곳은 없으리라.

다음 목표로 그는 아무 때나 당신의 세계에 드나들기 위해 당신을 항시 개방된 상태로 잡아 두려 할 것이다.

포획

지배 관계에서 최면이나 홀림의 의미로 '매혹'이라는 말을 쓸 수 있다. 상대의 주의력을 끌어당기고 신뢰를 얻어 내고는 결국 그 사람의 자유를 박탈한다는 점이 그렇다. 남의 심리를 조종하는 사람들은 감각기관을 이용하여 상대의 주의를 확 사로잡곤 한다.

시선   뚫어져라 쳐다보는 느끼하고 부담스러운 시선, 차갑게 빛나는 눈빛에 예민한 사람들은 거북해하기 마련이다. 어떻게 피해야 할지도 모르고 그렇다고 마냥 참고 있을 수도 없어서 불편한 것이다.

말   심리 조종자들은 말이 많다. 때로는 쉬지 않고 말을 늘어놓거나 수수께끼 같은 말을 즐겨 한다. 그래서 그들이 무슨 뜻으로 그런 말을 하는지 항상 곱씹어 봐야 하기 때문에 피곤하다. 심리 조종자들은 말을 하지 않을 때에도 이런저런 소리를 낸다. 크게 휘파람을 분다든가 귀청이 떨어지도록 음악을 크게 튼다든가, 하는 식이다. 대놓고 소리를 낼 수 없는 상황에서는 의자를 괜히 삐걱거리거나 종이 스치는 소리, 헛기

침, 콧물 훌쩍이는 소리라도 내야 직성이 풀린다.

촉각 통계적으로 이미 입증된 바에 따르면, 우리는 우리와 살이 닿은 사람을 더 빨리 믿는 경향이 있다. 심리 조종자들은 어깨에 손을 얹거나, 팔을 잡거나 하는 수준을 넘어 아주 사소한 구실만 생겨도 개인의 영역을 신체적으로 침입한다. 지나치게 가까이 붙어 선다든가 얼굴을 바짝 들이밀고 말을 하는 식이다. 그래서 신체적으로 침범당하는 느낌이 확실하게 든다.

후각 잘 씻지 않아서 심하다 싶을 정도로 체취가 나는 심리 조종자도 더러 있다. 또 머리가 지끈거릴 만큼 독한 향수를 뿌리는 이도 있다. 그들과 대화하다 보면 강렬한 냄새 때문에 잠시나마 정신이 혼미해질 수도 있다. 냄새를 통해 지속적으로 자기 존재를 각인시키는 것도 그들의 수법이다.

심리 조종자들은 우리의 시각, 청각, 운동감각을 이용해 정말로 우리를 '포획'하려 든다. 게다가 이러한 방법들은 실제로 잘 먹힌다. 따라서 그들이 우리 곁에 있으면 그 존재를 무시하기란 거의 불가능하다.

프로그래밍

조련사들은 동물의 마음을 사로잡은 뒤 길을 들인다. 심리 조종자들도 마찬가지다. 그들은 사람의 마음을 사로잡고서는 아주 특별한 방법으로 길들이려 할 것이다. 정상적인 상태에서 학습된 것은 어떤 분야에서든 유연하게 활용될 수 있다. 하지만 감정적으로 격앙된 상태에서 학습된 것은 안정감이 돌아오면 잊히고 만다.

심리 조종자들의 프로그래밍은 공포, 혼란, 죄책감이 팽배한 분위기에서 이루어진다. 상대는 극도로 불편한 상태에서 학습을 하기 때문에 그러한 상태를 벗어나면 학습한 것을 잊어버리게끔 조건화된다. 마치 버튼 하나만 누르면 작동하는 감정의 우리에 갇혀 있는 것 같다고나 할까.

그렇기 때문에 지배를 당하는 이도 그 관계 속에서 극심한 고통을 겪을지언정 다른 사람들 앞에서는 아주 정상적으로 살아가는 듯 보인다. 어쩌면 당신 회사의 싹싹하고 기운 넘치는 전화교환원도 가정에서는 매 맞는 아내일지 모른다. 그녀는 낮 동안 모든 걸 잊은 채 정상적으로 생활하다가 집에 돌아가면 다시 공포에 사로잡힌다. 이것은 우리 주변의 그토록 숱한 학대가 어떻게 장기간 드러나지 않고 계속되었는지를 부분적으로 설명해 준다.

당신을 휘두르는
그의 소통법

모순적 소통

심리 조종자가 전달하는 메시지는 일관성 없고 모호하고 모순적인 데다가 예측할 수가 없다. 그래서 이러한 메시지를 받은 이들은 놀라움 혹은 당혹감을 느끼게 마련이다. 처음에는 이 뒤죽박죽한 메시지에 뭔가 일관성을 부여하고 이해해 보려고 노력한다. 하지만 심리 조종자는 이를 빤히 잘 알고 있으면서도 모르는 체하면서 고의로 실수를 유도한다. 심리 조종자가 한 말을 논리적으로 해석하려고 애쓰는 이들은 곧 엄청난 피로를 느끼고 이해해 보려는 시도를 차츰 내려놓게 될 것이다. 바로 그 포기의 순간에 심리 조종자가 시키는 대로, 어떤 의문도 제기하지 않고 무조건 복종하겠다는 규약을 무의식적으로 체결하는 셈이다.

명령적인 언어

지배 관계의 소통은 일방적이다. 대화도, 관점의 변화도 없다. 지배자는 상대의 말에 결코 귀 기울이지 않는다. 그에겐 자기가 원하는 결과를 얻는 것만 중요하다. 노골적으로 지시를 내릴 때에는 반발에 부딪칠 여지가 있다. 그렇기 때문에 지시가 충분히 은폐되어 겉으로 드러나지 않는 명령적인 언어를 구사한다. 이러한 언어는 순응을 요구하는 명령과 죄의식을 자극하는 명령, 두 가지가 있다.

순응을 요구하는 명령 보편적 진리처럼 항변의 여지없이 제시된 개인적 견해를 바탕으로 하여 그 견해 속 규준에 맞게 행동할 것을 요구하는 식이다. "똑똑한 사람이라면 ~하는 거야." "~를 모르는 사람이 세상에 어디 있어." "~를 하지 않는 아이는 나중에 ~게 된다." "~를 하지 않으면 바보지."

죄의식을 자극하는 명령 심리 조종자의 기대에 부응하지 않는 행동을 하려고 할 때 그 사람의 죄의식을 자극하고자 하는 언어다. "너 때문에 속상해 죽겠다…." "네가 네 자식들을 망치려고 작정을 했구나…."

책임 전가

심리 조종자는 교묘한 속임수를 써서 '책임'과 '실행력'이라는 단어의 본래 의미를 호도한다. 원래 이 두 단어는 떼려야 뗄 수 없는 관계에 있다. 어떤 일도 하지 않는 사람에게는 책임을 물을 수 없기 때문이다.

하지만 지배 관계에서는 지배자가 절대적인 힘을 쥐고 있으면서도 피지배자에게 전적으로 책임을 묻는다. 지배를 당하는 사람이 되레 관계 전체를 책임져야 하는 것이다. 이를테면 그는 주인님의 기분을 살피고 주인님의 이미지를 관리하며 주인님의 요구를 세세한 부분까지 어김없이 만족시켜야 한다. 잘된 일은 모두 주인님 덕분이다. 파티를 성공적으로 치렀다면, 사업이 잘 풀린다면, 아이들이 공부를 잘한다면 응당 주인님이 잘하셨기 때문이다. 잘못된 일만 죄다 피지배자가 덮어쓴다. 실질적인 힘이 없는데 책임은 져야 하니 죄의식과 무력감이 생기지 않을 수 없다. 반대로 책임지지 않는 권력은 망상과 부조리한 짓거리로 치닫게 마련이다. 책임 전가 유형의 관계가 위험한 이유가 바로 여기에 있다.

보복

심리 조종자는 대놓고 협박하지 않으면서도 행여 상대가 어떤 변화를 꾀하고자 하면 가만두지 않겠다는 뜻을 분명히 전달한다. 그들의 관계는 그러한 보복을 통하여 완전히 폐쇄된다. 대화나 변화로 나아가는 출구는 생각조차 할 수 없다.

그는 '두 얼굴'을 갖고 있다

심리 조종자에 대해 말할 때 빠지지 않는 특징적 면모가 바로 그들의 '두 얼굴'이다. 그들은 대외적으로는 싹싹하고 친절하며 호감 가게 굴면서 가까운 사람, 특히 피해자와의 사적인 관계에서는 퉁명스럽고 언짢은 기색으로 일관한다. 대외적 얼굴에서 진짜 얼굴로 바뀌는 것은 그야말로 눈 깜짝할 사이로 방에 들어오거나 나가는 순간이면 충분하다.

심리 조종의 피해자도 이러한 기만에 나름대로 한몫을 한다. 이들 역시 대외적으로는 아주 잘살고 있다는 이미지, 집안에서의 현실과 엄청나게 괴리된 이미지를 주려고 애쓴다. 심지어 상담을 하러 와서도 지배 관계의 중요한 요소들을 숨기려 든다. 때로는 치료가 거의 막바지에 이르러서야 알코올중독자와 살고 있다느니, 가정폭력에 시달리고 있다느니 하는 중요한 고백을 한다. 심리 조종의 피해자들이 이러한 얘기를 빼먹는 이유는 부분적으로는 망각 증상 때문이다. 일단 공포 분위기에서 벗어나면 그 일 자체를 떠올리지 못하는 것이다.

하지만 나에게 또 다른 이유를 환기한 사람이 있었다. 심리 조종자가 친절하고 싹싹한 가면을 쓰고 있을 때 그로부터 벗어나 숨 돌릴 수 있는 시간을 갖고 싶은 것이다. 일단 집에 손님들이 와 있으면 심리 조종자는 사교적이고 재기 발랄한 사람이 된다. 피해자는 이 잠깐의 휴식을 음미하며 생각한다. '내가 실제로 어떻게 사는지 저 사람들은 모르겠지.' 사람은 누구나 자기가 부끄럽게 여기는 것을 숨긴다. 나에게 상담을 받던 여성이 하루는 이런 말을 했다. "아시겠지요, 그이의 이미지를 지켜 주는 것이 내 이미지를 지키는 것이기도 하니까요."

이렇듯 심리 조종자 못지않게 그 피해자가 거짓말을 하고 있을 가능성이 있다. 남에게 해를 끼치는 사람이 아무 벌도 받지 않고 멀쩡하게 잘 사는 이유가 바로 여기에 있다.

03

심리적
함정

이제 지극히 정상적인 한 사람이 어떻게 자신도 모르게 소외의 지배 관계에 갇히게 되는지 살펴보자. 지배 관계가 어떤 메커니즘으로 작동하는지 아는 것만으로도 그에 대한 효과적인 예방책이 되리라 생각한다. 일단 심리 조종은 장차 희생양이 될 사람을 심리적 함정에 빠뜨리는 것으로부터 시작된다. 함정은 점점 더 깊어지고 시간이 흐를수록 거기서 벗어나기는 더 어려워진다.

이 심리적 함정의 3대 핵심이 의심, 두려움, 죄의식이다. 셋 중 어느 하나에 걸리면 의심과 두려움, 죄의식의 악순환에 빠져 자동적으로 다음 요소에 걸려들고, 그러는 사이 소외가 공고히 자리 잡는다. 희생양은 문제에서 벗어나지 못한 채 같은 곳에서 뱅뱅 도는 기분을 느끼다가 결국 미칠 것 같은 심정에 이르게 된다.

자꾸만 나 자신이
의심스럽다

이 함정의 첫 번째 핵심은 조종하려는 상대에게 의심을 심어 주어 차츰 확신을 잃게 만드는 것이다. 장기적 목표는 상대의 내적 기준과 현실에 대한 객관적 시각을 심리 조종자의 논리와 거짓된 세계관으로 대체하는 데 있다.

심리 조종자는 희생양으로 삼은 이가 자신의 소신이나 발언을 철저하게 의심하고 자신의 고유한 기준을 잃어버리게 조장한다. 상대의 정보, 능력, 가치관에 끊임없이 의혹을 제기함으로써 스스로 현실에 의혹을 제기하도록 몰아가는 것이다. 이러한 공작은 아주 사소한 언급이나 행동을 통해 부지불식중에 이루어진다. 다른 사람의 머릿속에 의심의 씨앗을 심는 방법은 매우 다양하며 여러 방법이 상호 보완적으로 동시에 쓰이기도 한다.

놀라움

그저 깜짝 놀라는 태도만으로도 의심을 자극하기에는 충분하다. "그럴 리가… 확실한 거 맞아?" 상대를 불안하게 만들기 위해 좀 더 노골적으로 도저히 못 믿겠다는 태를 낼 수도 있다. "괜히 과장하는 거 아니야?" 진심으로 속내를 이야기했는데 이렇게 못 믿겠다는 반응이 돌아온다면 그것만으로도 상당한 모욕이 된다. 의심의 씨 뿌리기는 여기서 한 발짝 더 나갈 수도 있다. "세상에, 나 너무 놀랐어. 나도 그 사람 잘 아는데 절대 그럴 사람이 아니야!"

부인

다음 단계는 부인이다. "사실이 아니야!" "꿈이라도 꾼 거 아냐?" "거짓말. 네가 언제 나한테 그랬니?" 심리 조종자는 양심의 가책 없이 수시로 거짓말을 하기 때문에 사실이 빤히 밝혀진 후에도 아니라고 잡아뗄 수 있다.

대부분의 사람은 이러한 허위 발언에 어떻게 대응해야 할지 모른다. 또 이러한 경험 자체가 몹시 불편하기 때문에 상대가 끝까지 아니라고 주장하면 혹시 자신의 기억이나 생각이 잘못된 게 아닐까 의심한다.

감정에 귀 기울이기를 거부하는 경우에는 부인이 아주 미묘한 형태로 나타나기도 한다. 내가 내담자들에게 으레 듣는 이야기가 있다. 늘 말 싸움을 하게 되는 상대가 하루는 얘기를 해 보라고, 자기가 다 들어 주겠다고 한다. 이런 일은 극히 드물기 때문에 오랜만에 허심탄회하게 섭섭했던 점을 털어놓는다. 마침내 이해를 받게 되었다 느끼고 속이 시원하다 싶은 바로 그 순간, 심리 조종자는 "아, 그래, 말은 참 잘하는군. 이제 진짜 이유를 말해 봐."라든가 "있잖아, 당신, 정신과에 가 보는 게 어때? 호르몬 문제 때문에 우울증이 생길 수도 있대."라는 식으로 찬물을 끼얹는다.

극심한 정신적 고통을 생리니, 갱년기장애니 하는 신체적 문제로 돌리는 등의 부인은 상대를 모욕하고 좌절시킨다. 한번은 부부 상담 중에 비슷한 예를 보았다. 나는 부부의 소통 회복을 위해 매우 구체적인 지침들을 제시했다. 그들은 실제로 관계 회복이 시급한 부부였다. 나는 간단하고 실용적인 연습을 제안했는데, 남편은 기껏 상담을 끝내고 집으로 돌아가기 전 인사를 하면서 이렇게 말하는 것이었다. "네, 좋은 얘기 잘 들었습니다. 다 좋았지만 그런 건 이론적인 얘기고요, 진짜 구체적인 대안을 제시해 주셨더라면 좋았을 것 같아요."

정보의 과장

다른 사람의 심리를 조종하려 드는 사람은 늘 실제보다 아는 게 많은 척한다. 워낙 단호하게 자기 의견을 내놓기 때문에 '저 사람은 그 주제에 대해 자신이 있나 보다.'라고 착각하기 십상이다. 하지만 그의 말을 자세히 들어 보면, 알맹이 없이 잘난 척하는 소리에 불과하다. 대단한 비밀을 알고는 있지만 말할 수 없다거나, 나보다는 정보의 출처가 우수하다는 식으로 나온다. 사실 그가 하는 말을 듣다 보면, 그는 모르는 일이 없고 모르는 사람도 없다. 대단한 엘리트, 얼마나 거물인지 가늠도 안 되는 사람에게서 들은 얘기라고 하니, 그의 정보가 나의 정보보다 우수하다는 점은 분명한 것 같다.

예를 들어 자동차를 화제에 올리면 그는 자기 사촌이 자동차 정비사라서 그 차종을 아주 잘 안다고 할 것이다. 이런 사람은 무조건 당신의 의견을 걸고넘어진다. 당신이 어떤 차종을 찬양하면 그 차는 실패작이라고 헐뜯고, 당신이 어떤 차가 싫다고 하면 정말로 괜찮은 차라고 하면서 그 차의 장점을 늘어놓는다. 심지어 당신의 전문 분야에 대해서까지도 자기가 뭘 좀 안다는 식으로 나올 것이다. 의사요? 제가 잘 아는 의대 교수님이 있는데요. 변호사요? 우리 아주버님이 예심판사예요. 주먹 좀 쓰신다고요? 제가 조직에 있는 건달을 좀 아는데요!

폄하

폄하는 사물이나 사람의 가치를 시험에 빠뜨리는 효과적인 수법이다. 심리 조종자는 당신이 중요하게 여기는 모든 것을 눈 하나 깜짝 않고 경멸할 것이다. 그래야만 당신의 우선순위가 바뀌고 당신이 마음에 두었던 기준이 부정될 테니까. 비판, 폄하, 다른 사람의 능력에 대한 부정, 조롱이 쉴 새 없이 이어지며 당신의 가치관과 미덕을 짓밟을 것이다.

얕잡아보기 몇 년 전 시내에서 우연히 아는 사람과 마주쳤다. 그는 내 일이 잘 풀리고 있는지 친절하게 관심을 기울이는 듯 보였다. "가끔 강의하시는 건 잘되나요?" "책을 몇 권 내셨다는데 잘 팔려요?" 그러더니 나중에는 자기한테는 다 털어놓아도 괜찮다는 듯한 말투로 조금 의심스럽다는 듯이 "그런데 겨우 그 일만 해서 먹고살 수 있나요?"라는 게 아닌가!

대화 중에 '가끔', '몇', '겨우', '불과' 등의 수식어를 슬쩍 집어넣는 것만으로도 상대를 얕잡아보고 있다는 것을 드러내기에 충분하다. 남의 자동차를 가리켜 '고물차'라고 한다든지, 남의 직업을 '그저 먹고살려고 하는 일'이라고 표현한다든지, 남이 소중히 여기는 장신구를 '싸구려 패물'이라고 지칭하는 정도로도 그것들의 본래 가치가 훼손된 느낌을 줄 수 있기 때문이다.

비웃음   심리 조종자는 비웃기를 좋아한다. 우스꽝스럽게 만들 수 있는 것은 죄다 우스꽝스럽게 만들기에 곧잘 사람들에게 상처를 입힌다. 당신이 발끈하면 그는 되레 유머감각이 없다고 흉을 볼 것이다.

조롱은 매우 음흉한 공격의 한 형태다. 그딴 수작과 유머감각은 아무 상관없다! 어쨌든 심리 조종자들이 유머감각이 뛰어난 건 아니다. 조롱과 유머의 차이는 구체적으로 감지될 수 있다. 유머는 분위기를 누그러뜨리기 위해 한 발짝 물러서서 참신한 바람을 불어넣는 것이다. 조롱은 조롱의 대상을 난처하게 만들어 분위기를 어색하고 무겁게 만든다.

심리 조종자가 당신을 놀림거리로 삼거든 딱 부러지게 말해라. "그래요, 저한테는 좀 민감한 문제라서요. 이제 저에게 상처가 될 수도 있다는 걸 아셨으니 그런 일을 농담거리로 삼지 않으시겠죠?"

물론 그가 이러한 말을 무시할 수도 있다. 그래도 당신의 입장을 분명히 밝히고 나면 마음이 한결 가벼울 것이다.

별명과 딱지 별명이나 딱지를 붙이는 짓은 조롱의 연장선상에 있다. "페미니스트 납셨네."라거나 "척척박사님 오셨습니다."라는 말을 들으면, 누구나 '내가 그런 이미지인가?'라고 생각하게 마련이다.

'퇴물'이니, '여편네'니 하는 말을 들으면서 존중받는 느낌을 받을 수는 없다. 직장에서든, 사생활 공간에서든 당신을 바보 같은 별명으로 부르는 사람들을 결코 좌시하지 마라. 그들에게 당신의 이름과 호칭을 제대로 불러 줄 것을 요구해라. 별명도 얼마든지 반감, 나아가 공격성을 불러일으킬 수 있다.

내게 상담을 받으러 오는 한 남성은 아내가 자신을 '우리 집 돌쇠'라고 부르는 게 싫다고, 아무리 그렇게 부르지 말라고 해도 말을 안 듣는다고 하소연했다. 멍청한 별명 때문에 하루에도 몇 번씩 화가 치밀어 오르는 것을 겨우겨우 참는다고 했다.

거짓말과 기만 마지막으로 심리 조종자들의 장기인 거짓말과 기만을 빼놓을 수 없다. 앞에서 다루었던 '부인'을 넘어 심리 조종자는 기가 막힐 정도로 뻔뻔하게 거짓말을 잘한다. 사실이 다 밝혀지고 증거가 나와도, 법적 절차를 거쳐 집행영장까지 떨어져도 그는 계속해서 부인할 수 있다. 그의 모토는 '내가 아니라면 아니야!'다.

그럼에도 심리 조종자는, 역설적이지만 자기가 거짓말을 하고 있다는 사실을 상대에게 주지시키는 데 집착한다. 거짓과 은폐의 흔적을 굳이 감추려 하지 않고 방만하게 나오는 것이다. 꼼짝없이 궁지에 몰리면 또 다른 거짓말 혹은 어이없는 발뺌으로 일관한다. 자기가 하려던 말은 그게 아니었는데 당신이 오해했다는 둥, 당신이 한 말을 제대로 이해 못해서 그랬다는 둥….

정신적 혼란

심리 조종자는 의심에 빠진 상대를 정신적 혼란으로 밀어 넣기 위해 복잡하고 모호한 화법을 구사한다. 이 얘기, 저 얘기를 뒤섞고 순서를 제멋대로 바꾸고 사악한 암시를 군데군데 집어넣으며 괜히 말끝을 흐리는 것이다. 이런 식의 소통은 다분히 의도적인 것으로 상대의 정신을 혼미하게 한다. 진짜 최면이나 다를 바가 없다. 심리 조종자는 딱히 의식하지 않고도 최면의 언어를 구사한다. 개중에는 최면술사 뺨치게 재주가 뛰어난 이도 더러 있다.

잠이 부족하면 정신은 더욱 혼미해진다. 심리 조종자는 자신이 괴롭히는 상대가 잠을 못 자게 일부러 훼방을 놓기도 한다. 상담을 받으러 오는 사람들 중에 배우자가 쉴 틈을 안 주고 괴롭힌다고, 새벽 서너 시까지 잔소리를 하거나 한밤중에 깨워서 이미 지난 일로 싸움을 건다고 하소연하는 이들이 얼마나 많은지 모른다. 잠을 재우지 않는 것은 광신적인 종교 집단이 신도들의 정신 상태를 혼미하게 만들기 위해 곧잘 써먹는 수법이다.

도발 또한 상대의 감정적 반응을 유발하여 허점을 찾으려는 수법이다. 남의 심리를 조종하려는 사람은 오로지 충격을 주려는 목적에서 무서운 이야기를 하거나 엄청난 일을 순진한 척 아무렇지도 않게 내뱉는다. 이로 인한 정신적 혼란은 매우 심각한 수준, 정신착란 수준까지 치달을 수 있다.

적반하장

심리 조종자는 자신을 남에게 투사하는 성향이 매우 강하다. 그는 자신의 악의를 당신에게 돌리고, 자기가 사기를 쳐놓고 당신을 사기꾼 취급하며, 자기가 거짓말을 하면서 당신을 거짓말쟁이라고 부를 것이다. 이러한 투사의 메커니즘은 빤히 주어진 사실들을 뒤집는 특성이 있다. 마술사의 속임수가 따로 없다. 이렇다 보니 심리 조종자는 뭔가를 요구하고 얻어 내는 재주가 탁월하다. 그런 데다 당신이 요구를 했고 자기는 그저 너그러이 동의만 했다는 식으로 포장도 잘한다. 아기를 얼른 갖자고 남편을 조르던 아내가 나중에는 "당신이 서둘러 아기를 갖자고 나서지 않으면 그냥 안 낳고 말래. 애가 없는 편이 나한테도 좋아."라며 배짱을 부리는 식이다.

자기가 요구하는 입장이면서 다른 사람이 요구하니 어쩔 수 없다는 제스처를 취하는 이런 예는 아주 전형적이다. 좀 더 수위가 높은 적반하장의 예를 들려주겠다. 몇 년 전 한 여성을 남편의 심리 조종에서 벗어나도록 도와준 적이 있다. 상담 치료를 시작할 때만 해도 그들 부부 관계는 적반하장의 극치였다. 남편은 자신의 심기를 건드린 아내에게 벌을 준답시고(심리 조종자들은 곧잘 상대를 벌주고 싶어 한다.) 아내가 준비한

커피를 마시지 않았고, 아내는 아내대로 남편이 커피를 거부한다고 울었다. 그들의 정신 상태를 생각해 보라. 커피를 맛있게 준비해 주면 고마운 일, 좋은 일 아닌가! 다행히 그 아내는 훗날 말도 안 되는 옛일들을 떠올리며 편히 웃을 수 있게 되었다.

그는 분명 나쁜 사람인데, 왠지 미안하다

이러한 적반하장, 입장의 혼동이 '스톡홀름 증후군'으로 이어질 수도 있다. 스톡홀름 증후군이란 인질로 붙잡힌 사람들에게서 실제로 나타났던 심리기제다. 1973년 8월 23일, 옌 에리크 올슨이라는 탈옥수가 스톡홀름에 있는 스웨덴은행을 털려고 했다. 경찰 인력이 투입되자 범인은 은행 직원 4명을 인질로 붙들고 경찰과 대치했다. 그는 자신의 감옥 동료 클라크 올로프슨의 석방을 요구했고 석방된 죄수는 즉시 그에게 합류했다. 엿새간의 협상 끝에 인질들은 풀려났다.

그런데 희한하게도 인질들이 범인들을 감싸고 나섰다. 은행 강도의 열렬한 대변인으로 둔갑한 그들을 보면서 사람들은 할 말을 잃었다. 인질들은 나중에 재판정에 가서도 범인들에게 불리한 증언을 거부했고, 되레 그들을 보호하기에 힘쓰며 수시로 면회를 갔다. 심지어 인질 중 한 여성은 옌 에리크 올슨과 정식으로 결혼했다.

위험천만한 강도들에게 보인 이토록 호의적인 태도를 어떻게 설명해야 할까? 인질들은 외부와 연락이 차단된 채 감금의 충격에 빠져 있다가 차츰 범인들을 신뢰하게 됐다. 그러다 나중에는 자신들을 돌봐주는 범인들에게 고마움을 느꼈고 무사히 풀려난 후에는 더욱더 고마운 마음이 들었을 것이다. 세뇌 작업이 다른 게 아니다. 게다가 인질들은 모든 비판 감각을 잃어버린 상황이었다.

장 드 라 퐁텐(Jean de La Fontaine)도 일찍이 300년 전에 "가장 강력한 이유가 항상 가장 좋은 이유다."라고 하지 않았던가. 스톡홀름 증후군의 진행 과정도 이 말로 요약할 수 있을 것이다. 마찬가지로 극단적으로 조종을 당하는 상황에 있는 피해자는 상당히 자연스럽게 가해자의 논리를 따른다. 피해자는 가해자의 기준을 자신의 기준으로 삼아 마침내 가해자처럼 생각하게 된다.

이런 이유에서 스톡홀름 증후군이라는 역설적 메커니즘이 수많은 학대의 예에서 재발견되고 있다. 인간 이하의 취급을 당하며 맞고 사는 아내나 아이들이 가장의 도착적인 논리를 따라 그를 열렬하게 옹호하고 나서는 모습은 놀랍다 못해 충격적이다. 치정 혹은 이념 문제로 발생한 수많은 납치와 유괴 사건들에서도 이른바 스톡홀름 증후군은 확인되었다.

몇 가지 변형을 제외하면 스톡홀름 증후군의 시나리오는 언제나 동일한 얼개를 따른다. 그렇기 때문에 2차 이라크 전쟁 기간 동안 억류되었다가 석방된 인질들이 어이없게도 다음과 같은 말들을 할 수 있는 것이다. "우리를 좀 엄격하게 대접했습니다." "우리를 억류한 이들은 우리의 안전에 신경을 썼습니다." "말끔한 모습으로 돌아올 수 있도록 친절하게 샤워 젤까지 빌려 주었습니다."

다행히도 이러한 현상은 석방 후 몇 주가 지나면 대개 뒤집어진다. '심리적 심문'이라는 도움을 받고서, 인질이었던 그들은 차츰 제정신을 찾고 적절한 표현을 구사할 수 있게된 것이다. '대접'이 아니라 '억류'라는 단어를 써야 마땅했고 '엄격하다'기보다는 '비인간적이었다'고 말해야 마땅했다. 이라크 측에서 인질들의 안전에 신경을 쓴 것은 어디까지나 그들을 무사히 석방해야 했기 때문이다. 그리고 일부러 몇 주 동안 씻지도 못하게 해 놓고서 석방 직전에 샤워 젤을 빌려 준 행위를 과연 친절하다고 볼 수 있을까?

하지만 나중에라도 그러한 현실을 직시하기란 끔찍한 일이다. 그 때문에 피해자가 가해자의 편을 드는 현상은 얼마간 지속되기도 한다. 자신이 인질이 되었던 범죄에 대해서는 다분히 관대한 판단을 내리면서 사회에 대해서는 매우 비판적인 태도를 취하는 것이다. 이때에는 스톡홀름 증후군이 인질의 삶을 근본적으로 뒤흔들고 지속적으로, 나아가 결정적으로 개인의 성격, 가치관, 도덕적 신념에 변화를 초래할 수 있다.

스톡홀름 증후군이 되어 버린 심리 조종도 마찬가지다. 모든 것이 제자리를 찾으려면 제대로 된 심리 치료가 반드시 뒤따라야 한다. 어린 시절에 심각한 정신적, 신체적 학대를 받아서 생긴 스톡홀름 증후군은 이후 모든 부류의 인간관계, 남을 조종하지 않는 선량한 사람과의 인간

관계에까지 자동적으로 작동할 수 있다. 피해 아동은 어른이 되어서도 늘 생각이 빤히 보이는 행동을 하고, 상대의 욕구를 만족시키려고 노력하며, 말끝마다 온갖 구실을 갖다 붙여서 누구의 뜻도 거스르지 않으려 할 것이다. 이런 식으로 항상 자기 조종을 하는 사람은 타인에게 휘둘리기 쉬우므로 새로운 심리 조종자들의 접근에 매우 취약하다. 다행히도 스톡홀름 증후군이라는 현상이 밝혀진 것 자체가 하나의 예방책이 되어 피해자들이 발생할 확률이 그만큼 줄어들었다.

그가 무슨 말을 할지, 어떻게 행동할지 두렵다

심리적 함정의 두 번째 열쇠는 두려움이다. 심리 조종자는 좀 더 교묘하게 다루느냐, 노골적으로 다루느냐의 차이가 있을 뿐 이 열쇠를 매우 잘 써먹는다. 이따금 그는 대포를 터뜨린다. 폭력적인 위협을 대놓고 하는 것이다. "날 떠나면 죽일 거야." 또 어떤 때에는 비언어적 소통이나 거의 감지되지 않는 암시를 통해 막연한 불안감을 자아낸다. 의심의 씨를 뿌릴 때에도 그랬지만, 위협하고 겁주고 불안을 조장하는 방법도 여러 가지이고 상호 보완적으로 작용한다.

상담에서 직접 접한 증언을 바탕으로 심리 조종자들이 주로 구사하는 위협 방법을 정리해 보았다.

비언어적 소통

의사소통을 할 때에 우리의 대화 상대는 우리가 입 밖으로 내는 말을 듣는다. 이것이 언어적 소통이다. 그와 동시에 우리는 서로를 마주 보면서 다소 무의식적이기는 해도 자세, 몸짓, 얼굴 표정, 시선, 미묘하게 달라지는 어조와 억양, 망설이는 기색 등을 감지한다. 이러한 비언어적 소통은 전체 소통의 80퍼센트를 차지하지만 대부분 무의식적으로 감지된다. 언어적 소통과 비언어적 소통이 잘 결합하여 상호 강화가 일어나면 말하는 사람에게서 호감, 진정성, 카리스마가 느껴진다. 반대로 언어적 소통과 비언어적 소통이 따로 놀 때에는 진실하지 않은 인상을 풍기고 어렴풋하게 불편함이 느껴진다. 뭔지는 뚜렷이 알 수 없어도 '문제'가 있다는 느낌을 받는 것이다.

심리 조종자들은 비언어적 소통을 아주 풍부하게 그리고 자동적으로 구사한다. 그들의 비언어적 소통은 그 자체로 별개의 담론이다. 비언어적 소통은 한 집단에서 조종자 역할을 하는 사람을 알아보는 단서이기도 하다. 조종자는 집단 내에서 튀고 싶어 하는 사람이다. 그는 집단과 따로 놀기 때문에 눈에 띈다. 그는 큰 소리로 말하거나 못 알아들을 말을 구시렁댄다. 분위기에 비해 너무 거리낌 없거나 젠체하는 태도를 취한다. 약속 시간에는 꼭 늦게 오고 자기 말에 끼어드는 사람은 노려본다. 그들이 자동적으로 취하는 이러한 소통 방식은 대화 상대를 왠지 불편하게 만들어 안정감을 잃게 만드는 중요한 요소다.

같은 맥락에서 심리 조종자는 남의 말을 들을 때 일관성 있게 반감을 갖고 들으며, 그가 듣고 있지 않다고 상대가 오해하게끔 하는 행동을 한다. 남이 말하는데 딴 데를 보거나 허공을 멍하니 응시하며 딴짓을 하거나…. 그러다가 빈정대는 듯한 미소를 짓고, 입을 삐죽 내밀고, 멸시하거나 언짢아하는 표정을 짓고, 하늘을 쳐다보고, 어깨를 으쓱하고, 탄식하듯 한숨을 쉬고, 고개를 끄덕거리고, 멍한 표정을 하는가 싶더니 갑자기 죽일 듯한 눈빛으로 차갑게 노려본다. 상대는 이유도 모른 채 점점 더 불편한 기분을 느낀다. 이러한 행동은 무의식적으로 이루어지더라도 얼마든지 목표에 도달한다. 하지만 다행스럽게도 이 행동에 상대를 불편하게 만들려는 목표밖에 없음이 밝혀지면 효력이 사라진다. 도리어 심리 조종자의 쉴 새 없는 몸짓이 우스워 보일 것이다.

앙갚음

심리 조종자는 자기 뜻을 거스르는 자에게는 자기가 벌을 내릴 권리가 있다는 인상을 심어 준다. 그게 당신에게 던지는 경고다. 만약 당신이 그의 기대에 부응하지 않으면 오만 가지 보복이 기다릴 것이다. 하지만 당신은 그의 비현실적인 기대를 충족시키려 아무리 애를 써도, 한 발짝만 엇나가도 꼼짝없이 죄인으로 몰릴 것이다. 그렇게 해서 당신은 죄목도 분명치 않은 죄를 뒤집어쓰게 되는 것이다. 또 심리 조종자는 당신을 빼도 박도 못할 죄인으로 만들기 위해 수시로 이 잘못을 들먹일 것이다. 또 이 잘못은 아주 오랜 세월 동안 별의별 가혹 행위, 처벌, 복수의 구실이 될 것이다. 하지만 자기 혼자 임의로 심판을 해서는 안 된다. 그러한 조치들은 어느 것 하나 정당하지 않다.

앙갚음에는 여러 가지가 있다. 삐치고, 소리 지르고, 일부러 일을 방만하게 하거나 업무상의 불이익을 주거나. 심리 조종자들은 상대에게 타격을 줄 수 있는 방법을 본능적으로 안다. 그래서 자신의 의지에 반하는 행동을 하면 앙갚음이 있을 거라고 눈치를 주는 것만으로도 상대방에게 상처를 입히고 불안을 조장할 수 있다.

과민성

심리 조종자는 사실 몹시 불안한 사람, 그야말로 스트레스 덩어리다. 그에게 묻어 있는 분노, 증오, 폭력은 멀리서도 구체적으로 감지된다. 그래서 그가 어떤 자리에 등장하면 그곳에 모인 사람들 전체가 경직되고, 그가 나가면 일제히 안도의 한숨을 쉬게 된다.

심리 조종자는 자기가 발산하는 이 기운을 이용하는 법을 잘 안다. 그는 신경질적이고 예민하며 쉽게 발끈하는 듯 보인다. 분노를 폭발시키지 않고 억누르기 위해 초인적인 노력을 기울이고 있다는 인상을 풍긴다. 사람들은 그의 심기를 건드릴까 봐 전전긍긍한다. 화를 잘 내는 사람이라는 것을 아니까 달걀 위를 걷듯 조심스럽게 행동한다.

우리는 대개 갈등, 큰소리, 무거운 분위기를 싫어하고 그런 상황을 피하려고 하기에 심리 조종자들이 조장하는 이런 정서적 협박도 종종 그냥 넘어가 준다. 하지만 사실은 그렇게 넘어가 주기 때문에 정서적 협박이 자꾸만 반복되는 것이다.

연극적인 과장

심리 조종자들과 함께 있으면 늘 연극을 보는 기분이 든다. 그들은 상대를 위협할 심산에서 극적으로 과장하거나 연출하기를 즐긴다. 심각하지 않은 일이 없고 위험하지 않은 것이 없다. 끔찍한 일이 일어나고 거창한 대사들이 마구 나온다. "당신이 날 배반했어!" "당신이 단란한 가정을 파괴했어!" "당신은 회사를 말아먹고 말 거요!" 그들은 눈을 휘둥그레 뜨고, 연극적으로 손을 흔들고, 울음을 터뜨리고, 보는 사람도 마음이 아플 정도로 처연한 표정을 짓고, 눈 깜짝할 사이에 분노를 폭발하다가 제삼자가 등장하면 언제 그랬냐는 듯 유쾌하고 온정 넘치는 얼굴로 돌아온다.

이런 모습을 보면 여러분은 화가 나면 못 참는다는 사람이 실제로는 감정을 얼마나 잘 다스리고 표정을 금세 바꿀 수 있는지 확인할 수 있다. 요컨대 심리 조종자는 타고난 배우다.

심리 조종자와 당신 사이에 지배 관계가 형성돼 있을 때는 이런 수작이 잘 먹힌다. 당신은 심리 조종자의 연기를 곧이곧대로 믿고 움츠러든다. 하지만 일단 그 메커니즘을 파악하고 나면 그의 행동이 어설픈 배우의 연기처럼 과장되고 우스꽝스럽게 보일 것이다. 어쨌든 그가 무대에 올라 연기 상을 받을 일은 절대 없다! 그의 거창하고 장황한 대사를 그냥 연기로 받아들이고 박수를 보내면 그런 수작이 기대한 효과는 결코 나타나지 않을 거라는 뜻이다.

독촉 압박

"지금 당장 결정해. 난 여기서 바로 대답을 들어야겠어." 상대가 자신의 손아귀를 빠져나갈지도 모른다는 생각에 불안한 심리 조종자는 좌절감을 다스릴 방법을 모르기에 모든 것을 지금 당장 원한다. 상대를 독촉하고 압박함으로써 스트레스를 유발할 뿐만 아니라 상대가 차분히 생각하지 못하고 약속을 남발하거나 섣부른 행동을 하게 만든다. 이러한 독촉 압박은 상품 판매에서 광범위하게 이용되고 있다. 점원이 "이거, 딱 하나 남은 거예요."라고 말하면 손님은 좋은 상품을 놓칠지도 모른다는 조바심에 생각이 딱 멈추어 버린다.

심리 조종자는 언제나 귀에 걸면 귀걸이, 코에 걸면 코걸이라는 태도를 취한다. '참을성'이라는 말은 남들에게만 사용한다. 오직 자기 본위로 행동하고 종종 남들을 기다리게 하거나 헛물켜게 만들면서 남들이 약속 시간에 늦거나 자신의 기대가 무산되는 꼴은 못 본다. 그가 분통을 터뜨릴 때에도 동요하지 않는 것이 그의 독촉 압박에 저항하는 중요한 비법이다.

타인의 두려움 감지

심리 조종자는 당신이 느끼는 합당한 두려움과 비이성적인 두려움을 놀랄 만큼 정확하게 본능적으로 감지하고 이용할 줄 안다. 그는 당신이 두려워하지 않는 것을 가지고 당신을 위협하는 따위의 시간 낭비는 오래 하지 않을 것이다. 오히려 쥐를 희롱하는 고양이처럼 자기가 필요할 때마다 당신이 불안해하는 것들을 가지고 놀 것이다.

두려움에는 여러 가지가 있다. 어떤 두려움은 이성적으로 납득할 만하다. 심리 조종자가 그러한 두려움을 이용할 여지가 있다면 그 이유는 우리에게 자기보호 본능이 부족하기 때문이다. 한편 이성적으로 잘 해명되지 않는 불안, 어린 시절에 생긴 불안은 힘이 훨씬 강하다. 그러한 불안은 스스로 자신의 안전을 지킬 방도를 생각지 못하게 만든다. 그래서 심리 조종의 피해자들은 어떤 법적 보호도 받고 있지 않을 때가 많다. 소송에 휘말릴 경우, 자신이 감수해야 할 객관적 위험보다 서류에 어떤 조건들을 기입하라고 요청하여 심리 조종자를 화나게 할 위험이 더 크게 와 닿기 때문이다. 우리는 앞서 심리 조종자들의 발끈하기 쉬운 성격을 이야기하면서 갈등과 보복에 대한 두려움을 지적한 바 있다. 이 외에도 이성적으로 해명할 수 없는 수많은 두려움이 있다.

- 이기적인 사람, 무능한 사람, 못된 사람으로 보일지 모른다는 두려움
- 남의 기분을 상하게 하거나, 상처를 주거나, 폐를 끼칠지 모른다는 두려움
- 사랑받지 못하고, 버림받거나 거절당하는 데 대한 두려움

인간은 무리를 지어 사는 동물이기에 자신이 좋아하는 사람들에게서 애정과 지원을 잃는다는 생각만으로도 금세 참을 수 없게 된다. 따라서

버림받을지 모른다는 두려움은 가장 강력하고 가장 성가시며 가장 쉽게 불러일으킬 수 있는 불안 중 하나다.

위태한 분위기

'*어휴, 끔찍해*' 매사에 불평을 하고 조그만 건수도 놓치지 않고 극적으로 과장하는 심리 게임을 '어휴, 끔찍해'라고 부를 수 있을 것 같다. 심리 조종자는 재앙, 비극, 사고를 유난히 좋아하기에 이러한 심리 게임에 능란하다. 작은 일도 극적으로 과장하는 경향과 더불어 다른 한편으로 불행을 선호하는 경향이 있어서 그럴 수밖에 없다.

심리 조종자는 험담하기를 좋아하며 남의 곤경을 이러쿵저러쿵 신나게 떠들고 다닌다. 그 즐거워하는 기색에서 악의는 그대로 내비친다. 그는 비극이 실제로 일어나는 현장에서도 전혀 흐트러짐이 없다. 그의 태도는 냉정하고 초연하며, 그의 사고방식은 상식적이지 않고 피해자에 대한 감정이입을 찾아볼 수 없을 뿐 아니라 무정하다.

불길한 조짐 타령 심리 조종자는 긍정적인 계획을 싫어한다. 그래서 순수한 열정에 찬물을 끼얹었거나 낙관주의를 짓밟고 희망을 약탈하면서 사악한 기쁨을 느낀다. 그는 항상 대담하게 미래를 믿고 나아가려는 이들의 의욕과 활력을 떨어뜨리려고 애쓴다.

심리 조종자는 자신에게 필요하다면, 다른 사람에게 언젠가 치매 노인이 되어서 호스피스에 가 있을 거라는 등의 말도 서슴지 않는다. 그가 내뱉는 말은 항상 독을 품고 있으며 항상 불안하다. 아주 심각한 일이 일어날 거란다! 그는 이유를 명확하게 밝히지도 않으면서 자기 말을 듣지 않으면 후회할 거라는 등의 말을 함부로 한다.

위험의 조장 『미성숙한 어른과 애늙은이(Parents immatures et enfants-adultes)』에서 저자 지젤 하뤼스 레비디(Gisèle Harrus-Révidi)는 자녀를 자기 맘대로 휘두르는 부모들의 특징을 지적한다. 그런 부모들은 아이의 죽음에 대한 환상을 품고 위험을 조장한다. 다시 말해, 아이에 대한 보호와 감시를 소홀히 하는 정도에 그치지 않고 자신이 항상 속으로 기대했던 비극이 실제로 일어날지도 모른다는 은밀한 희망으로 위험을 방조하는 것이다.

내게 상담을 받던 한 여성의 가족은 함께 요트를 타러 나가는 일이 잦았다. 그 집 남편은 아직 어린 아이들을 데리고 갑판에 나가면서도 아이들에게 안전 장비를 갖추게 하지 않았고 손을 잡고 다니지도 않았다. 입으로는 자기가 잘 지켜보니까 괜찮다고 했지만 사실 전혀 신경을 쓰지 않았다. 아이들에게 무슨 일이 날까 싶어 그녀가 신경을 곤두세우면 남편은 위험하지 않다고 차갑게 대꾸했다. 심지어 그녀가 아이들을 과잉보호한다며 유별난 엄마 취급을 하는 바람에 그녀도 자신이 괜히 불안해하나 싶었다. 그녀는 나와 상담하면서 겨우 현실감각을 되찾았다. 아직 어린 아이가 달리는 요트의 갑판 위를 혼자 돌아다니는 것은 분명 위험한 일이고 아이의 안전을 위해 조치를 취해야만 하는 일이다.

남편이 밥을 먹다 말고 갑자기 화를 내고 무거운 샐러드 볼을 벽에 집어던졌다며 나를 찾아온 여성도 있었다. 남편이 던진 샐러드 볼은 유아용 의자에 앉아 있던 아들 바로 뒤 벽에 부딪쳐 산산조각 났다. 자칫했으면 아이가 그 샐러드 볼에 정통으로 맞거나 유리 파편에 다칠 수도 있었다. 그녀가 질겁하며 남편에게 뭐라고 하자 그는 대수롭지 않다는 듯 어깨만 으쓱했다. 아이가 조금도 다치지 않았다는 이유로 그녀는 괜한 상상으로 호들갑을 피우는 여자 취급을 당했다. 하지만 그녀 역시 나에게 상담을 받으면서 그러한 위험은 상상으로 치부할 수는 없다는 객관적 현실감각을 되찾을 수 있었다. 남편은 그녀로 하여금 지극히 타당한 현실감각마저 의심하게 만들었던 것이다.

심리 조종자는 이렇게 갖은 방법으로 사람을 위험에 몰아넣고는 그것을 부인한다. 그는 열려 있는 무덤으로 당신을 끌고 가 보여 주고, 부주의한 척 물건을 던지거나 망가뜨리거나 뒤죽박죽으로 만들어 놓고, '깜박하고' 가스 밸브를 잠그지 않고, 발에 걸려 넘어질 만한 것들을 흩뜨려 놓고, 당신이 바닥을 향해 허리를 구부리고 있다가 고개를 들면 부딪치기 딱 좋은 위치에 찬장 문을 열어 놓는다. 그는 언제나 위험하고 불안한 분위기를 꾸며 내고 당신이 감히 상상하지 못할 만큼 악의적으로 행동할 수 있다. 그러니, 더는 의심하지 마라. 그는 순전히 일부러 그러는 거다!

기습

심리 조종자는 우리의 기분을 가지고 논다. 당신이 화들짝 놀라고 경계하는 등의 상황을 만들 수 있다면 그에겐 어떤 방법이든 좋다. 그는 절대로 다른 사람의 기대에 부응해 주지 않는다. 모두가 조용할 때에 그는 괜히 탁자를 주먹으로 내리치며 욕설을 내뱉는다.

내게 상담을 받는 어떤 여성은 세탁기를 차고에 설치했는데, 그녀가 세탁기를 돌리려고 하면 남편이 조용히 그녀의 앞을 가로막곤 했다. 캄캄한 차고에서 전기 스위치를 올리면 종종 어둠 속에서 자신을 노려보던 남편의 눈빛과 마주쳤다. 물론 아주 순간적인 일이었고 남편은 이내 평소 모습으로 돌아왔다.

하지만 이 이야기를 들으면서 나는 소름이 끼쳤다. 게다가 이런 사람들은 침대에 누워 죽은 척을 한다든가 하는 극도로 불편한 장면을 연출하기도 하고, 자살을 암시하는 말을 남기고 몇 시간 혹은 며칠 동안 자취 감추기를 좋아한다.

살인자의 시선

심리 조종자는 이따금 지극히 정상적으로 심지어는 살갑게 말을 건네면서, 아주 잠깐이지만 사람을 마치 죽일 듯한 눈빛으로 쏘아본다. 그 특별한 시선을 어쩌다 카메라로 포착해서 나에게 보여 주는 사람들이 있다. 차가운 증오의 눈빛 그 자체다. 말로는 당신을 좋아한다는 사람에게서 잠재의식 속 순수한 증오를 드러내는 듯한 이 시선을 발견하는 경험은 사람을 몹시 심란하게 한다.

협박

지배 관계에는 위험의 조장, 언제 폭발할지 모르는 분노에 대한 불안, 보복, 한없는 과장과 더불어 협박이 존재한다. 협박은 직접적인 말로 표현될 수 있다. '그렇지 않으면'이라는 말로 식별이 가능하다. 어떤 행동에 어떤 반응을 하겠다는 의미가 분명히 전해지는 것이다.

하지만 협박은 간접적으로, 극도로 모호하게 이루어질 수도 있다. 이 경우 말로 명시되지 않은 결과를 추측해야 하기 때문에 상상력이 폭주할 여지가 있다. 간접적 협박은 이런 거다. "알아서 해. 너 하고 싶은 대로 해. 결정은 네가 하는 거야.(예를 들어, 이혼을 하든가 말든가.) 하지만 똑똑히 알아 둬! 선택을 잘해. 선택을 잘못했다가는 상상도 못할 뜨거운 맛을 보게 될 테니까!"

"날 실망시키지 마!"라는 짧은 말 한마디에도 이러한 메커니즘이 내재해 있다. 아무 정보도 주지 않은 채 알아서 메시지를 해독하라는 셈이다. '실망시키지 않으려면 어떡해야 하는데? 무엇을 해야 하고 무엇은 하지 말아야 하지? 만약 실망시키면 무슨 일이 일어나려나?' 정보가 부족하기에 두려움은 더욱 커진다. 두려움은 객관적 논리를 벗어나 상상력에 불을 지핀다. 어떤 재앙도 일어날 수 있을 것 같다. 이제 "후회하게 될 거야!" "나중에 나 원망하기 없다?"와 같이 짧고 애매한 말 몇 마디로도 불안은 촉발되고 커질 것이다.

협박하고, 걱정시키고, 불안을 조장하는 이 모든 방식은 분위기를 무겁게 만들고 그것을 유지시킨다. 두려움과 의심은 이미 서로 꼬리를 물고 순환하게 되어 버렸다. 두려움은 지속적인 불안과 끊어졌다 이어졌다 하는 공황 상태로 변할 것이다. 이제 죄의식이라는 마지막 열쇠를 꽂고 돌리기만 하면 함정은 굳게 닫힐 것이다.

수치와 죄의식으로 점점 위축된다

사회가 조화롭게 돌아가려면 집단의 가치관이 개인의 가치관보다 우세해야 한다. 수치와 죄의식은 사회화에서 비롯되는 감정이다. 이러한 감정이 개인의 행동방식을 이끌고 조건화함으로써 개인은 사회적으로 용인되는 행동을 하게 된다. 수치와 죄의식은 우리 안의 경보 시스템처럼 집단 내에서 밉보이거나 배척당할 위험이 있을 때마다 발동한다. 그 덕분에 우리는 집단의 기대에 부응하는 방향으로 태도를 조정할 수 있다.

수치와 죄의식에 찌들어 사는 사람은 점점 더 자기주장을 펼치거나 남들을 제재할 자격이 없다고 느낀다. 자신의 행동을 스스로 조절하고 통제하려는 시도가 주위 사람들의 애정과 배려를 보장하지도 못하면서 자존감만 잃게 만드는 것이다. 이러한 사람은 유독 다른 사람의 영향력에 휘둘리기가 쉽다. 자주 어울리는 이들에게서 따돌림을 당하지 않기 위해 자신이 속한 집단의 기대에 맞추어 행동하기에 급급하다. 심리 조종자는 이러한 사실을 잘 알고 있다. 그는 정작 자신은 아무런 죄의식을 느끼지 않으면서 남들의 죄의식을 자극하여 자신에게 유리하게 이용한다. 죄의식을 강력한 지렛대로 삼아 다른 사람이 자신에게 의무감을 느끼게 만든다.

법을 어겨서는 안 되는 것과 마찬가지로, 보통은 무슨 일이 있더라도 다른 사람에게 정신적, 신체적, 물질적으로 피해를 입혀서는 안 된다. 하지만 정신적 지배 상황 하에 놓인 이들이 자신의 지배자를 보호하고 용인하기 위해 사회적 일탈 행위도 무릅쓰는 예는 흔하다. 스톡홀름 증후군도 같은 맥락으로 볼 수 있다.

의심과 두려움의 씨를 뿌리는 수법과 마찬가지로 수치와 죄의식을 조장하는 수법도 매우 다양하며 상호 보완적으로 쓰인다.

고발

심리 조종자를 상대하는 사람은 끝없는 비난에 시달린다. 심리 조종자에게 맞서는 사람에게는 항상 뭔가 잘못이 있는데 그 잘못에는 약도 없다. 꽤 오랫동안 딱히 비난받을 만한 일을 하지 않았다면 케케묵은 옛 과오를 시도 때도 없이 끄집어낸다. 25년을 우려먹은 스카프 사연을 예로 들어 보겠다.

베르나르는 부부 싸움을 할 때마다 아내가 잃어버린 스카프 이야기로 최후의 일격을 날린다고 하소연했다. 아내가 애지중지하던 스카프가 있었는데, 25년 전 신혼여행에서 그가 실수로 잃어버리고 말았다. 아내는 스카프를 잃어버린 아쉬움을 달랠 길이 없었고, 그 일을 자기 남편이 어리석고 형편없는 사람이라는 결정적 증거처럼 여겼다.

나는 베르나르가 그처럼 사소한 일로 그토록 오랫동안 죄책감을 느꼈다는 사실이 더 놀라웠다. 내가 웃으면서 이렇게 말한 기억이 난다. "고작 스카프일 뿐이잖아요! 25년 전에 잃어버리지 않았어도 10번은 새 스카프로 바뀌었을걸요. 게다가 아내 분이 그렇게 아끼는 물건이었다면 왜 자기가 잘 간수하지 않았대요?"

이 말만으로도 베르나르가 상황의 부조리성을 깨닫기에는 충분했다. 그는 상담실을 나서면서 자신감을 되찾았다. 나는 그의 아내가 25년간 톡톡히 써먹은 가상의 스카프가 이제 정말 쓰레기통 신세가 됐다는 생각이 들었다.

이중 제약

당신은 지금 운전 중이다. 회전교차로에 진입했다가 막 벗어나려는 순간, 놀랍게도 '진입 금지' 표지판이 눈앞에 떡하니 등장한다. 게다가 경찰관이 의심스럽다는 눈빛으로 당신을 주시하고 있다. 범칙금 딱지를 떼지 않으려면 여기서 뱅글뱅글 도는 수밖에 없다. 이중 제약에 매이는 심정이 딱 이렇다.

이중 제약이라는 개념은 미국의 팰로알토(Palo Alto) 학파가 발견했다. 팰로알토의 연구자들은 '두 개의 넥타이'라는 유명한 예를 들어 이 개념을 설명한다.

하루는 엄마가 아들에게 생일 선물로 넥타이 두 개를 주었다. 아들은 저녁 식사 때 그중 하나를 맨 모습을 보여드려야겠다고 생각했다. 하지만 아들이 식당에 내려오자 엄마가 섭섭한 표정을 지으며 말했다. "그럴 줄 알았어! 다른 넥타이 하나는 네가 마음에 들어 하지 않을 것 같았어."

하지만 아들이 다른 넥타이를 하고 내려왔어도 엄마는 똑같은 말을 했을 것이다. 둘 중 어느 것도 매지 않았다면 엄마의 선물을 좋아하지 않는다고 비난당했을 테고, 두 개를 한꺼번에 맸다면 지금 엄마를 놀리는 거냐는 소리를 들어야 했을 것이다. 아들에게 빠져나갈 구멍은 없다. 미국의 정신과 의사이자 '도발 치료' 요법의 창시자 프랭크 패럴리(Frank Farelly)만이 이중 제약을 피할 수 있는 해결책을 제시했다. 그는 아들이 차분하게 이렇게 대꾸해야 한다고 보았다. "다른 쪽 넥타이도 마음에 안 들어요. 둘 다 정말 아니에요, 엄마. 그래도 엄마를 사랑하니까 둘 다 기쁘게 하고 다닐게요."

애석하게도 프랭크 패럴리의 해결책처럼 배짱, 유머 감각, 임기응변의 재주를 갖춘 사람은 많지 않다. 만약 그런 사람들이 많다면 이중 제약은 설 자리가 없을 것이고 가족끼리 웃을 일이 더 많아질 텐데 말이다.

이러한 이중 제약은 우리가 가볍게 넘길 수 있기 전까지는 승승장구한다. 심리 조종자는 어떤 것과 그에 정반대되는 것을 동시에 요구함으로써 상대의 선택을 철저하게 박탈할 수 있다. 하지만 의식적으로 치밀하게 계산해서 이중 제약을 들이미는 경우는 드물다.

이중 제약은 주로 욕구불만인 사람들, 원하는 것보다는 원하지 않는 것을 주로 말로 표현하는 사람들에게서 나온다. 그런데 심리 조종자는 고질적인 불만분자, 언제나 뭔지 모를 결핍을 느끼면서 남 탓을 하는 사람들 아닌가. 그가 안되는 건 다 당신 탓이다. 이건 풀릴 수 있는 문제가 아니다. 만약 그에게 "도대체 나한테 원하는 게 뭐야?"라고 묻는다면 그는 발뺌할 것이다. 자기도 자기가 뭘 원하는지 정확하게 말할 수 없거니와 당신이 함정에서 빠져나가는 길을 알려 주고 싶지 않기 때문이다. 그는 "알면서 왜 물어?"라는 식으로 애매하게 대꾸할 것이다. 그래도 당신이 대답하라고 종용하면 그는 과장되게 대답할 것이다. "그걸 모르고 있다니 정말 심각하구나. 그 정도는 알아야 하는 거 아냐?"

이중 제약은 당신이 어떤 선택을 하든 트집을 잡힐 수 있다. 이러한 메커니즘에서 거리를 두거나 물러나지 않고 심리 조종자를 만족시키려고 했다가는 쓸데없이 힘만 빼고 좌절을 맛볼 것이다. 또 내 힘으로는 상황을 감당할 수 없다는 생각에 스스로 자신을 무능하게 여기거나 자존감에 상처를 입을 수 있다.

의무감

지배 관계에서는 역설적이게도 상호성의 원칙조차 일방적이다. 심리 조종자와의 관계에서 그가 당신을 위해 해 준 것은 별로 없는데 당신 혼자 계속 뭔가를 더 해 줘야 할 것 같은 기분을 느끼고 있다는 사실을 깨닫기까지 몇 년이 걸릴지 모른다. 남을 조종하기 좋아하는 사람은 '오는 게 있어야 가는 게 있다'는 인간관계의 기본 원칙을 남용하여 남들에게 빚을 갚아야 한다는 생각을 계속 심어 주는데, 이 빚은 결코 청산되지 않는다. 그가 하는 말을 잘 들어 보면 우리가 그에게 어마어마하게 신세를 진 것 같다.

심리 조종자는 이러한 의무감을 자극하기 위해, 주로 말로만, 거창한 약속을 늘어놓는다. 자기가 소개해 줄 수 있는 굉장한 인맥을 열거하고 이런저런 도움을 줄 것처럼 떠든다. 때로는 이러한 암시가 매우 미묘하게 주어진다. 그저 당신을 크게 도와줄 수 있는 누구 혹은 어느 단체와 돈독한 관계에 있다는 말만 슬쩍 흘리는 식이다. 하지만 당신이 이 말에 흔들려 잘 보이고 싶은 마음이 든다면 그 정도로도 당신을 손아귀에 넣기엔 충분하다. 가끔은 실제로 손을 써서 도움을 주기도 한다. 하지만 그것은 그만큼 당신이 필요하기 때문에 어디까지나 최소한으로 제공하는 도움이다.

분명히 알아 두기 바란다. 그의 도움은 절대 본의가 아니며 공짜는 더욱더 아니다. 심리 조종자는 되로 주고 말로 주구장창 받아 낼 심산으로 도움을 준다. 그가 일단 한 번 당신에게 뭔가를 해 줬다면 당신은 그가 요구할 때마다 모든 기대에 한도 끝도 없이 부응해야 할 것이다.

당신이 힘들었던 순간에 그가 단지 옆에 있었을 뿐 실제로는 도와준 것이 아무것도 없는데 혹은 당신을 더 힘들게 했는데 당신에게 뭔가 받아 낼 빚이 있는 것처럼 군다면 실로 가증스러울 것이다. 어떤 남편은 아버지 노릇을 팽개쳐 놓고 아내가 출산을 할 때도 병원에 잠깐 들렀다 갔을 뿐이면서 "그래도 애 낳을 때 옆에 있어 줬잖아!"라고 말한다. "네 남편이 집을 나갔을 때 내가 함께 있었잖니!"라고 말하는 친구는 사실 그날 우연히 당신 집에 들렀다가 기분을 풀어 준답시고 바보 같은 소리, 오히려 상처가 되는 말만 하고 갔다. 아들을 입안의 혀처럼 부려먹으려고 "네가 백일해에 걸렸을 때 내가 며칠 밤을 새면서 간호했다!"는 말을 수십 년째 하는 엄마도 있다.

선물도 죄의식의 미끼가 될 수 있다. 사람들은 대개 선물을 거절할 줄 모른다. 게다가 이건 사회적 규약이다. 선물을 거부하는 행동이 예의 없는 정도로 간주되면 그나마 다행이고, 심하게는 적대감의 표현으로 여겨질 수도 있다. 선물에는 상호성의 원칙도 작용한다. 선물을 받은 사람은 기회가 되면 선물로 보답해야 한다. 심리 조종자가 이 원칙을 제멋대로 왜곡하지 않는 한은 그렇다. 그의 선물이 심하게 부적절할 경우도 각오해라. 때로 그는 당신이 도저히 갚을 수 없을 정도로 과한 선물을 주는데, 거기에는 당신에게 소외감을 느끼게 하려는 의도밖에 없다. 또 어떤 경우에는 아무 의미도 없는 하찮은 것을 선물이랍시고 내밀기도 한다.

하지만 그의 선물에는 또 다른 기능이 있을 수 있다. 예의상 선물은 거절할 수 없는 것이기에, 선물을 주고 당신을 함부로 대할 권리를 사는 것이다. 여자를 모욕해 놓고서 아무 사과도 없이 꽃다발을 보내는 남자는 그녀를 존중하지 않아도 될 권리를 암묵적으로 사고자 한 것이다. 그리고 이때 여자가 꽃다발을 받고 헤헤거린다면 남자가 계속 그 따위 짓거리를 해도 좋다고 동의한 것밖에 안 된다. 마찬가지로 연차를 반납하고 일하라는 요구를 수당도 청구하지 않고 그대로 받아들이는 직원은 스스로 자기 몫의 수당을 포기한 셈이다. 사실 이러한 과정들이 늘 명백하게 의식되는 것도 아니고, 이러한 상황들을 확실히 짚고 넘어갈 방법이 항상 보이는 것도 아니다.

미덕에 흠집 내기

심리 조종자를 가까이하는 사람은 자신이 생각하는 체면이나 신의의 틀에 매여 괴로움을 당하곤 한다. 우리는 모두 자신의 가치관, 자신이 허용하는 것과 허용하지 않는 것으로 이루어진 자기만의 윤리가 있고 저마다 자기가 신성하다고 믿는 것을 지키며 살아간다. 그런데 지배 관계에서는 이러한 가치관이 부인되고 조롱당한다. 신성한 것에 대한 감각은 철저하게 희화되고 짓밟히기 때문에 피해자는 자신의 미덕에 대한 느낌 자체를 잃어버리기에 이른다.

가장 정직한 사람들, 가장 양심적이고 의식 있는 사람들이 가장 조종하기 쉬운 사람들일 수도 있다. 그들의 명예, 그들이 지금까지 잘 쌓아

온 이력을 건드리거나 그들의 약속을 다시금 일깨우는 일은 애들 장난처럼 쉽기 때문이다. 심리 조종자는 그런 사람들의 청렴함을 곡해하고 회유하여 제 구미에 맞게 이용할 것이다. 그런 이들은 어떤 일을 의무적으로 해야만 성실성을 확실히 인정받는 상황에 휘말려 금세 심리 조종자의 수족이 되고 만다.

그들은 공갈범을 위해서 중재자 역할을 하거나 자기가 정말로 좋아하고 존중하는 이들을 배신해야 할 것이다. 그러다 차츰 자기 의견에 자신을 잃고 두려움이 그대로 내비치는 행동을 하며 자신의 가치관에 따르는 삶을 포기한다. 거짓과 배신을 용인하고 자기 자신의 건강조차 돌보지 않게 될 것이다. 하지만 그들이 아직 포기하지 않은 약간의 사적 영역, 여전히 소중한 몇 가지 욕구, 그들에게 남아 있는 자율성조차 심리 조종자는 부당하고 이기적이고 배은망덕한 것으로 본다. 그래서 온전한 개인을 끝내 망가뜨리기 위해 사람을 비참하게 만드는 행위—때리고, 욕하고, 억지로 난잡한 파티에 끌고 가고, 모욕감을 느끼게 하는 일을 시키는 등—를 감행한다.

어느 회계 담당 여비서는 10년간 묵혀 놓은 문서들을 정리하라고 해서 컴컴한 먼지투성이 지하실에서 몇 주간 혼자 일했다는 이야기를 털어놓았다. 무슨 잘못을 저질러서? 직장 상사가 부적절하게 접근하며 편하게 말을 놓으라고 해서 거절했더니, 그런 일을 시켰다고 했다.

스트레스 활성화

심리 조종자는 남들에게만 병적인 완벽주의를 요구한다. 주위 사람들에게 비현실적이고 모순적인 기대를 품고 그 기대에 부응하도록 쉴 새 없이 압박한다. 그의 세계관에 맞춰 달라는 이 끊임없는 요구는 다섯 가지 명령으로 해석되는데, 이것은 교류분석에서 '드라이버'(driver)라고 부르는 다섯 가지 스트레스 요인이다.

'완벽해야 해!' 심리 조종자에게는 자명한 이치다. 당신은 모든 상황에서 완벽해야 한다. 모든 것을 알고, 삶의 모든 척도를 완벽하게 관리해야 한다. 그런데 그는 사소한 불완전성까지 들추고 당신의 무지를 놀리며 당신이 서툰 부분을 웃음거리로 만들고 당신의 하찮은 실수에도 분개할 것이다. 완벽의 환상은 그에게 맡기고 당신 자신은 실수할 수도 있는 권리를 되찾으라.

'강해져야 해!' 심리 조종자의 공감 능력은 제로에 가깝다. 그는 당신이 약해지고 피곤해하고 슬퍼하는 꼴을 조금도 못 본다. 불만은 자기만 토로할 수 있다. 당신의 감정은 코미디, 히스테리, 상황에 걸맞지 않는 예민함에 지나지 않는다. 그는 당신이 울어도 무심하거나 역겹다는 표정만 지을 것이다. 냉담함은 그의 전매특허다. 그가 아무리 부정하더라도 약해지고 피곤해하고 좌절할 권리를 되찾으라.

'*열심히 해!*' 심리 조종자는 자신은 게으르고 잔머리를 굴릴지언정 남들이 일을 쉽게 처리하는 꼴은 못 봐준다. 아내를 괴롭히는 어떤 남편은 "절대로 고의는 아니었"지만 어쩌다 보니 새 식기세척기를 못쓰게 만들었다. 무상 애프터서비스도 안 된다고 하니 식기세척기는 순전히 장식품으로 전락했다. 어떤 일도 이런 식으로 쉽게 처리할 방법이 없다면 살기가 정말 고달플 것이다!

'*날 즐겁게 해 줘!*' 심리 조종자의 기본 전제는 단순하다. '나를 위해 온전히 헌신하지 않는다면, 나의 자질구레한 변덕을 충족시키는 데 매달리지 않는다면, 너는 이기적인 인간이다.' 당신이 어떤 상황에서든 미소를 띠고 싹싹하게 굴지 않으면 졸지에 성질 더러운 사람이 된다. 그가 하지도 않은 말을 눈치채지 못하면 졸지에 멍청이가 된다. 그가 어떤 식으로 행동하든 그와 당신의 관계는 전적으로 당신 책임에 달렸다. 자기 자신의 욕구와 남들에게 다해야 한다고 생각하는 의무 사이에서 미묘한 균형을 찾아야 한다. 누구나 개인적인 공간과 여지를 누릴 권리가 있다. 그러니 자신의 관대함에도 선을 그어 두라.

'*서둘러!*' 우리는 이미 두려움에 대해 살펴보면서 독촉 압박의 문제를 다루었다. 심리 조종자의 모토가 '전부, 지금 당장!'이라는 것을 기억해라. 그쪽도 참을성을 배울 필요가 있으니, 그러한 압박에 저항하고 여유 있게 충분히 시간을 들일 권리를 되찾기 바란다.

심리 조종자가 불러일으키는 수치와 죄의식은 자신의 분노를 상대에게 전가하는 수단이기도 하다. 따라서 심리 조종의 피해자는 항상 낮은 위치에 서게 되며 결코 심리 조종자와 동등한 대우를 받지 못한다. "미안하다고 말하는 놈이 잘못한 놈이다." 변명을 하면 할수록 그 사람은 궁지에 말려들고 주장의 근거를 의심받는다.

나는 사사건건 서툴게 변명을 하는 사람을 보면 누군가의 지배에 매여 있는 게 아닌가 생각해 본다. 그들은 늦었다고 사과하고, 자기가 편안한 의자를 차지했다고 사과하고, 외투를 엉뚱한 곳에 놓은 것 같다고 사과하고, 내가 던지는 물음마다 어떻게 해서든 미안하다고 말할 건수를 발견한다.

의심, 두려움, 죄의식의 악순환

의심, 두려움, 죄의식. 이 세 개의 열쇠로 심리 조종자는 상대를 저절로 돌아가는 악순환 속에 가둔다. 의심은 차츰 정신적 혼란을 낳고, 두려움은 언제나 떠나지 않는 불안으로 변하며, 죄의식은 성실하게 살아왔다는 감정을 갉아먹고는 다시 의심을 강화할 것이다.

몇 년 전, 상담실을 찾아온 젊은 여성이 이렇게 말했다. "제가 미쳤다고 생각하실지 모르지만 전부 솔직히 말씀드릴게요. 어떤 집시 여자가 저에게 저주를 걸었어요. 그 여자 때문에 재수 옴 붙어서 그다음부터 되는 일이 하나도 없어요." 그녀는 자초지종을 이야기했다.

1년 전, 그녀가 길을 가고 있는데 우체국 옆에서 웬 집시 여자가 다가와 비통한 어조로 말했다. "넌 저주 받았구나! 사악한 눈이 너를 지켜본다! 네 보석들을 다오. 그러면 널 위해 생트 마리 드 라 메르에서 축복기도를 해 주마." 당시 열여덟 살밖에 안 됐던 이 아가씨는 당연히 "됐어요! 별소리를 다 듣겠네!"라고 대꾸하고 가던 길을 갔다.

이 시점까지는 그녀가 일을 잘 처리했다고 말할 수 있을 것이다.

하지만 몇 미터 못 가서 그녀는 돌부리에 걸려 넘어질 뻔했다. 갑자기 희미한 두려움이 싹트고 심장이 두근대며 하나의 순환이 형성됐다. 여기서 돌부리에 걸리는 게 정상인가? 아까 그 집시 여자가 날 넘어뜨리려고 한 거 아냐? 그 여자는 왜 나에게 접근했지? 사악한 눈이 날 지켜본다니, 그 여자가 그런 걸 어떻게 아는데? 어쨌든 요즘 내가 하는 일마다 안 풀리는 건 사실이잖아…. 혹시 나에게 원한을 품은 사람이라도 있나? 도대체 누가? 무슨 이유로?

그녀가 상담을 받으러 왔을 때에는 이 사소한 사건이 계기가 되어 이미 1년 이상 고민한 후였다. 그녀는 그런 일을 믿는다는 것을 창피해하면서도 어느새 정말로 자신을 지켜보는 '사악한 눈'이 있다고, 집시 여자의 저주를 받았다고 생각하고 있었다.

어떻게 보면, 그녀의 믿음대로였다. 저주라는 기제는 다른 사람을 심리적 함정에 가두고 거기서 빠져나가려고 몸부림칠수록 더욱 깊이 옭

아맨다. 하지만 누군가를 소외시키기 위해서 굳이 못된 마법사나 집시 여인이 될 필요는 없다. 뛰어난 고객 응대 직원은 몇 가지 질문만으로도 손님을 하나의 심리적 순환 속에 꽁꽁 가둘 줄 안다.

예를 들어 보험외판원이 아무렇지도 않은 척 이렇게 묻는다 치자. "보장을 잘 받고 계시다고 확신하세요?" 세상 모든 사람이 그렇듯 당신도 보험계약을 체결하면서 계약서를 조목조목 읽어 보지 않고 사인했을 테니, 이 질문은 의심과 죄의식을 불러일으킬 것이다. 당신은 수업시간에 빤히 배운 것을 잘 모르는 초등학생처럼 부끄러운 심정으로 "잘 모르겠어요."라고 대답할 수밖에 없다. 보험외판원은 곧장 의심스럽다는 듯이 "혹시 집에 불이 난다면 어떤 보장을 받을 수 있는데요?"라고 묻는다. 끔찍한 재난이나 사고 장면들이 당신의 뇌리를 스치고 의심과 두려움은 더욱 강화된다. 이제 보험외판원은 그런 것도 모르면 어떡하느냐고 호통하기만 하면 당신을 휘어잡을 수 있다.

어쨌거나 보험외판원은 자기 일을 했을 뿐이고 나머지는 당신이 알아서 처신해야 할 일이다. 정서적 관계에서도 이런 식의 순환은 이루어지는데, 여기에는 좀 더 심각한 관건들이 달렸다. 많은 엄마들이 언뜻 듣기에는 아무렇지도 않은 이런 말을 무심코 한다. "얘야, 엄마가 천년만년 네 곁에 있을 줄 아니!" 그런데 이 말은 세 개의 열쇠를 동시에 가동시킬 수 있다. '뭐지? 엄마가 무슨 뜻으로 저런 말을 하지? 그만큼 자란단 말인가? 아님, 엄마가 죽는다는 뜻인가? 언제? 엄마 말이 맞아. 내가 엄마 없이 어떻게 살지? 엄마가 날 위해 얼마나 애쓰는지 생각지 못

한 나는 정말 배은망덕한 아이야!'

지옥의 순환 고리는 이렇듯 쉽게 작용한다. 그러니 이 순환 고리에 휘말리는 일이 없도록 하려면,

- 매사를 분명하고 정확하게 말하고, 대화 상대에게 당신의 생각이 명확히 전달되게 해라.
- 가까운 사람들이 당신을 믿고 살 수 있도록, 당신의 의도에 대해서 안심할 수 있도록 해라.
- 입장을 바꾸어 누군가가 당신을 위협하거나 불안하게 한다면 결코 좌시하지 마라.
- 사람은 누구나 실수를 할 수 있고 약해질 때가 있음을 인정해라. 당신이 맺는 관계에 대해 언제나 당신 몫의 책임을 다해라.(하지만 당신 몫이 아닌 책임까지 떠안을 필요는 없다!)

04
정신적
괴롭힘

조금만 주의를 기울여 보면, 사회 구석구석에서 정신적 괴롭힘이 자행되고 있다는 것을 금세 알 수 있다. 그러한 괴롭힘은 초등학교 때 덩치 크고 조숙한 애들이 늦된 애들을 곯리는 양상으로 시작된다. 중학교, 고등학교, 대학교, 심지어 군대로 왕따 문제는 이어진다. 요컨대 우리 모두는 아주 어릴 때부터 이런 유의 상황을 일시적으로나마 경험해 봤다.

상담을 하다 보면, 학창 시절에 모욕이나 괴롭힘을 당했지만 그때는 창피해서 혼자 끙끙 앓기만 했다고 고백하는 이들이 얼마나 많은지 모른다. 학생을 가학적으로 괴롭히는 교사, 은근히 적의를 드러내는 무리, 장기간에 걸쳐 괴롭히는 못된 동급생 등등. 어떤 학생은 이 지옥에서 벗어나려고 자살 기도까지 감행한다.

중학교와 고등학교에서는 눈에 보이는 폭력만 적발하고 처벌한다. 이따금 학교 왕따, 학교 폭력, 성폭행 사건 등이 신문 일면을 차지하고, 거기에 비하면 사소해 보이는 일상 속 자질구레한 폭정들은 대개 사람들의 관심을 끌지 못한다. 마찬가지로 명문대 학생들도 "학교 기풍에 맞게 단련해야 한다."는 구실로 선배들의 괴롭힘을 감내해야 했다고 증언한 바 있다. 지금은 신입생 환영회에서 벌어지는 가혹 행위도 충분한 고발 사유가 되며 원칙적으로 철저하게 처벌받도록 되어 있다. 하지만 이런 의식들은 여전히 남아 있고, '바람직한 의식'이 되고자 몇 가지 제한을 두는 등의 노력을 하며 탈선이 일어나는 경우에 한해서만 처벌받는다.

정신적 괴롭힘은 회사에서는 물론 가정에서도 일어날 수 있다. 부부 사이에서 그리고 어린 아이나 사춘기 자녀들에 대해 극심한 정신적 괴롭힘이 자행되곤 한다. 게다가 양로원에서조차 노인들을 학대하는, 더 없이 추악한 일이 벌어지기도 한다. 정신적 괴롭힘은 은밀하고 점진적으로 이루어지기 때문에 적발하기가 어렵다. 하지만 최근 들어 언론이 이러한 현상을 들추기 시작했고 사회도 문제의식을 갖게 됐다.

당신의 에너지를
온통 앗아 간다

정신적 괴롭힘은 눈에 띄지 않기 때문에 대개 아무런 처벌 없이 지나 간다. 그렇지만 이러한 행위는 에너지를 극심하게 빼앗아 간다는 점에서 약탈과 다를 바 없다. 심리 조종자는 거머리처럼 상대의 심리적, 정서적 에너지를 쪽쪽 빨아먹는다.

그는 자질구레한 심리 공격을 통해 상대의 정서를 피폐하게 만들고 그에게서 쥐어짠 에너지로 자기 배를 불린다. 예를 들면 짜증 나는 사소한 일들, 서로 관련도 없고 순전히 우연에서 비롯된 일들을 분노와 좌절의 연속으로 꾸며 낼 수 있다. 남의 고혈을 빨아먹는 이러한 짓은 집중력을 방해하고 사람을 피곤하게 하는 사소한 따돌림에서부터 개인의 삶과 이력을 완전히 말아먹는 심각한 괴롭힘까지 다양하게 나타난다. 극단적인 경우에는 괴롭힘을 당하던 이가 정신이상을 일으키거나 자해, 자살을 시도할 수 있다.

이렇게 심리 조종자들은 사람의 기력을 앗아 가고 마음을 피폐하게 만든다.

정신적 괴롭힘이 진행되는 방식

정신적 괴롭힘은 세 단계를 거쳐 실행된다. 유혹 단계, 파괴 단계, 그리고 마지막 한 발의 폭죽이 터지듯 폭력이 분출하는 단계이다.

유혹 단계

유혹은 관계 초기부터 궤도에 오른다. 꼭 첫 만남부터는 아니더라도 심리 조종자가 상대를 요리할 수 있겠다는 예감을 갖거나 상대를 자기편으로 만들어야 할 이유가 생길 때부터 유혹은 시작된다. 심리 조종자는 잘 웃고 호감 가게 군다. 호탕하고 기분 좋은 말도 해 주고 외향적이다 못해 약간 수다스럽게 느껴지며, (말로는) 관대하고 사람 좋아 보인다.

심리 조종자는 자기 자신을 파는 데 뛰어난 세일즈맨이다. 자기 자랑도 적당히 할 줄 알고 남을 멸시하더라도 노골적으로는 하지 않는다. 주위 사람들까지 가세해서 그의 이미지를 관리해 주고 결점은 감춰 준다. 심리 조종자가 사회적으로 훌륭한 허울, 이를테면 의무, 이타주의, 윤리를 떠올리게 하는 직업이나 지위를 갖고 있을 때도 많다. 하지만 그는 매력적인 겉모습에도 불구하고 왠지 불편한 기분을 불러일으킨다.

엄밀히 말해, 그는 유혹하지 않는다. 그의 유혹은 마법을 건다는 의미, 보아뱀이 시선만으로 먹잇감을 꼼짝 못하게 잡아 놓는다는 의미다. '사실이라고 하기엔 너무 완벽하잖아.'라는 생각이 든다면 대개 그 생각이 맞다. 너무 좋고 완벽하고 훌륭하다면 사실이 아닐 가능성도 생각해 봐야 한다. 심리 조종자는 이미지 관리에 집착한다. 그러니 상대가 너무 흠잡을 구석이 없으면 되레 조심할 필요가 있다.

그의 유혹과 아첨은 당신의 에고를 충족시키고 이런저런 기대를 불러일으킨다. 당신의 은밀한 꿈들이 실현될지도 모른다는 기대 말이다. 그는 당신을 둘러싸고 공적, 사적 의무들의 그물을 짜면서도 당분간 관찰 단계에 머물러 있을 것이다. 그는 당신을 파악하기 시작한다. 당신의 단점들, 당신이 특히 약해지는 부분들을 알아낸다. 이때는 집중 테스트 시기다. 애정은 고려 대상이 아니다. 모든 것이 계산이요, 그는 속으로 죄다 적어 놓고 있다.

유혹이 먹혀들면, 그는 안심하고 순진해 빠진 당신을 경멸하기 시작하면서도 당신의 호의로 제 잇속을 채운다. 심리 조종자는 다른 사람의 온정으로 자신의 공허를 채우는 족속이다. 그는 당신의 친절과 애정의 거울 속에 비친 자기 모습을 바라보며 흡족해한다. 그러면서도 당신의 친절과 애정은 자기처럼 꾸며 낸 것이 아니라 자연스럽게 발산되는 것이기에 점점 더 질투심에 사로잡힌다. 그렇게 그는 당신을 향한 원한과 증오를 차곡차곡 쌓는다. 당신이 친절하고 자신만만할수록 그는 유혹의 벽 너머에서 당신에게 앙심을 품을 것이요, 결국에는 당신을 끔찍이 미워하게 될 것이다.

심리 조종자의 유혹이 먹히지 않을 수도 있다. 그의 아첨과 헛된 약속이 효력을 발휘하지 못하는 것이다. 편하게 말을 놓자는 제안을 당신이 거절하거나, 당신과 친한 사람들의 무리에 그가 끼지 못하게 한다든가 하는 식으로 말이다. 그가 당신의 한계를 시험했을 때 당신이 차분하게 자기주장을 하며 흔들림 없는 모습을 보여 준다면, 그는 '이 사람은 안되겠구나.'라는 생각에 겁을 먹을 것이다. 그와 함께 당신을 향한 증오, 질투, 원한은 빠른 속도로 커질 것이다.

그렇지만 이 두 경우 모두 정도의 차이가 있을 뿐 조만간 그의 증오는 노골적으로 드러날 것이다. 유혹 단계가 짧거나 제대로 기능하지 못할수록 과거의 우정이나 애정에 대한 향수는 거의 남지 않는다. 또 유혹 단계가 부실하면 다음 단계인 파괴 단계로 넘어가서도 당신은 심리 조종자가 얼굴을 싹 바꿀 만큼 자신이 심각한 잘못을 저질렀다는 죄의식을 덜 느끼게 된다.

파괴 단계

미움, 원한, 질투, 불안으로 꽁꽁 뭉친 심리 조종자는 다른 사람에게 분풀이를 하고, 쉴 새 없이 일을 만들어 좌절감을 해소하고, 자기 안의 광기를 피해자에게 전가해야만 직성이 풀린다. 그래서 그의 괴롭힘은 장기적으로 이어진다. 처음에는 눈치 못 채게 조심이라도 하고 음흉한 수작을 부리겠지만, 먹잇감을 단단히 물었다는 자신이 생기면 가면이고 뭐고 집어던질 것이다. 이쯤 되면 부조리하고 비상식적이고 모순적인 짓도 서슴지 않는다.

이제 괴롭힘의 강도가 세지고 누가 봐도 개의치 않는다. 가차 없는 파괴의 메커니즘이 발동하고 저절로 착착 돌아가면서 때로는 당신의 인생을 송두리째 망가뜨릴 것이다. 이게 바로 약탈, 삶을 완전히 훔치는 짓이다. 이러한 정신적 파괴의 시도가 당신의 자존감을 갉아먹고 정신질환, 심지어는 자살까지 불러일으킬 수 있다. 괴롭힘은 일단 시작되면 결코 중단되지 않는다. 그러한 괴롭힘을 적발하고 비판하고 처벌까지 했다고 하더라도 지속적인 감시와 단호한 경고, 나아가 당신에 대한 접근 금지를 유지해야 하는 이유가 바로 여기에 있다. 그러한 괴롭힘은 그가 새로운 괴롭힘 대상을 찾아서 당신을 잊어버린 후에야 비로소 중단된다.

이 책 프롤로그에서도 밝혔듯이, 심리 조종자와 당신 사이에 지배 관계가 자리를 잡기까지 진행 과정은 희한하리만치 표준화되어 있다. 심리 조종으로 정신적 괴롭힘을 당한 이들이 증언하는 이야기들은 하나같이 비슷비슷하다.

고립   당신 주위에서 하나둘 사람들이 떠나게 만든다. 당신을 지켜보고 도와줄 수 있는 친한 사람들이 모여 있는 동네를 떠나 객지로 이사를 가게 하는 경우도 많다. 또 당신이 외부와 접촉하거나 소통할 때마다 심하게 질투를 하며 소유욕을 드러낸다. 결국 당신은 그가 있는 자리에서는 다른 사람에게 미소를 짓거나 칭찬을 건네는 간단한 일조차 마음대로 할 수 없게 된다.

오랜만에 친구들을 집으로 초대한 자리에서조차 그는 일부러 가증스럽게 굴 것이다. 친구들도 그 사람과 함께 있으면 불편해하기 때문에 선뜻 오려 하지 않고 당신은 당신대로 초대를 자제할 것이다. 얼마 안 남은 친구들과의 관계마저 그의 중상, 비난, 험담 때문에 차츰 서먹해진다. 회사에서도 혼자 동떨어진 업무를 맡기 일쑤다.

생활 조건 혹은 근무 조건의 악화 학대는 구체적으로 드러난다. 물질적으로 열악한 생활 조건, 직장에서의 지나친 혹사와 위험에 대한 무방비 노출 등으로 나타난다는 얘기다. 새로 들여놓기 무섭게 고의로 못쓰게 만든 식기세척기의 예를 다시 한 번 생각해 보라. 또 어떤 집에서는 춥게 지내야 튼튼해진다느니, 난방비를 절감한다느니 하는 구실로 한겨울에도(더구나 산골에서!) 불을 때지 않는다고 한다. 그 밖에도 일부러 잠을 재우지 않거나, 밥맛 떨어지게 굴거나, 혹독한 추위나 더위를 참으라고 윽박지르거나, 상한 음식을 꾸역꾸역 먹게 하는 등 별의별 일이 다 있다.

학대는 정신적으로도 이루어진다. 피해 대상인 당신은 늘 압박에 시달리며 산다. 감시당하고, 욕을 먹고, 실수를 저지르지 않을 수 없게끔 내몰린다.

직장에서 학대는 다음과 같이 이뤄진다. 당신에게 비상식적인 업무 혹은 모욕감을 느낄 만한 일이 떨어진다. 명령이 떨어지는가 싶으면 그 명령이 취소되고 정반대의 명령이 다시 떨어진다. 실현 불가능한 목표

를 정해 주거나 도저히 지킬 수 없는 기한 내에 일을 완료하라고 성화
다. 무엇보다도 정말로 하고 싶어 하는 일을 시켜 주지 않고 하찮은 업
무 아니면 능력이나 적성에 맞지 않아 '오류를 저지르지 않을 수 없는'
업무를 강요한다.

　정서적 관계에서 학대는 당신에게서 교제와 애정을 감각적으로 박탈
하는 방향으로 이루어진다. 당신을 고립시키는 데 그치지 않고 일부러
무시한다. 가구나 짐짝처럼 다룬다. 그는 당신을 눈여겨보거나 당신에
게 귀 기울이는 법이 없으며, 어쩌다 살갑게 굴면 짜증을 내거나 역겨워
한다. 하지만 사람은 누구나 기본적으로 인정받기를 원하며 이러한 인
정의 표시가 없을 때에는 심각한 심리적 폐해가 나타난다. 또 심리 조종
자는 상대가 기쁨이나 욕망을 표현하는 것을 철저하게 감시하고 어떻
게 해서든 그러한 표현을 차단시킨다. 심리 조종의 피해자들은 결국 기
쁨을 포기하고 욕망을 참고 살게 된다. 나는 아동 학대에서 이러한 메
커니즘이 더없이 가증스럽게 나타나는 경우들을 보았다. 아이가 제일
좋아하는 장난감을 압수한다든가, 마음껏 놀게 해 주기로 해 놓고 갖
은 핑계를 써서 그 시간마저 빼앗는다든가 하는 식으로 말이다.

　존엄성에 대한 침해　존엄성에 대한 침해는 무엇보다 인격적 모독을
통해 이루어진다. 말, 행동, 경멸하는 태도, 비난과 중상, 조롱, 모욕, 가
치관에 대한 부정 등등. 그러한 모독이 아주 내밀한 부분, 다시 말해, 개
인이 경외하는 대상이나 성 정체성에까지 미치기도 한다. 많은 경우 이

러한 존엄성에 대한 침해는 그 자체로 그치지 않고 언어적, 신체적, 성적 폭력을 수반한다.

　소통에 대한 고의적 거부　누군가를 괴롭히는 상황에서는 도착적이고 삐뚤어진 소통, 모든 대화와 변화를 봉쇄하는 소통의 전형적인 요소들을 볼 수 있다.

- 직접적인 소통을 거부하거나
- 말을 왜곡하거나
- 거짓말을 하거나
- 말끝마다 비꼬고 조롱하고 멸시하거나
- 논리적으로 맞지 않는 말을 하고
- 아예 말을 꺼내지 못하게 하며
- 이간질시키고
- 실력을 행사한다.

　머지않아 당신은 모욕, 협박, 괴롭힘에 지쳐 또다시 피곤하고 정신적으로 혼란스러운 상태에 놓인다. 정작 자기가 해야 할 말을 되레 듣고 있으면서 상처를 받든가, 자칫하면 심리 조종자의 분노를 자극해서 더 끔찍한 꼴을 볼 형편이니 차츰 속으로만 삭이는 법을 배운다. 이렇게 뭐든지 속에 담고 살아야 한다면 이 관계에서 뭐가 남을까? 의미 없는 말, 어색한 침묵, 금방이라도 터질 듯한 팽팽한 긴장밖에 남지 않는다. 따라서 지배 관계에서는 어떤 안정감도, 어떤 친밀함도 불가능하다. 조용하고 평온한 겉모습 아래로 심연은 점점 더 깊어지고 넓어지기만 한다.

이러한 정신적 괴롭힘은 삶의 구석구석에서 나타나며 세상 어디에나 존재한다.

회사에서 직장 내 정신적 괴롭힘은 우리가 생각하는 이상으로 만연해 있지만, 그 메커니즘 자체가 은폐되어 있는 데다가 회사가 직원들의 정신 건강에 대해 무관심한 탓에 오랫동안 거의 드러나지 않았다. 지금도 직장 내 정신적 학대는 확산되고 있지만 여전히 간과되는 듯하다.

사회생활에서는 힘에 대한 욕구와 도착적 성향이 맞물릴 때에 폭력과 괴롭힘이 발생한다. 사실 직장 내 파워게임에서 경제적 측면은 매우 부수적이다. 민간기업보다는 공공기관, 심지어 자원봉사단체에서 정신적 괴롭힘이 더 자주 나타나는 이유가 여기에 있다. 그렇지만 모빙(mobbing), 즉 직장에서의 정신적 테러는 '지시'에 의해 고의적으로 이루어지기도 한다. 이를테면 해고를 하지 않아도 직원이 알아서 사표를 쓰게끔 사측이 손을 쓰는 것이다. 회사는 그를 내보내고, 젊고 말 잘 듣고 새로운 업무 방식에 잘 적응하며 월급도 적게 줄 수 있는 직원, 즉 조종하기 쉬운 직원을 고용하려 할 수 있다.

그저 높은 지위에 앉아 있는 변태가 아랫사람 중에서 한 명을 정해 놓고, 물론 다른 사람으로 교체될 수도 있지만, 자신의 좌절이나 분노를 쏟아붓는 방식으로 이루어지기도 한다. 그리고 수동적이지만 공격적인 아랫사람에 의해 윗사람이 괴로움을 당하는 경우도 있다는 것을 잊어서는 안 된다. 우리가 생각하는 것 이상으로 이런 경우가 꽤 많다. 예를 들면 풀리지 않은 집안 문제의 스트레스를 회사에서 해소하는 이들이 있다. 어느 날 갑자기 '보복성' 병가를 내거나, 지각을 밥 먹듯 하거나, 업무를 게을리한다거나 하는 것이다. 경우에 따라서는 누가 정신적 괴롭힘의 가해자고 누가 피해자인지 헷갈린다!

성희롱은 모두들 민감하게 여기는 문제라 적발되기 쉽지만 어쨌거나 피해자에게는 큰 타격을 입힌다. 성희롱 역시 정신적 괴롭힘의 연장선 상에 있다. 완전고용 시대에는 성희롱 피해자가 얼마든지 이직을 할 수 있어서 직장 내 모빙이 지금처럼 심각한 문제가 되지 않았다. 하지만 경제 위기 등을 겪은 지금은 심신의 건강을 해치면서까지 직장에 붙어 있으려고 애쓰는 사람들이 많고, 그 가운데 일부는 자살이라는 극단적 선택도 불사한다.

부부 사이에서   가정 폭력에 대한 공식 통계자료를 참고하자면, 프랑스에서는 10명의 아내 중 1명이 남편에게 맞고 산다. 매년 700명의 여성이 가정 폭력으로 사망한다. 이 통계만으로도 충분히 소름 끼치지만, 이 수치는 공식 확인된 것만을 집계한 것이다. 그렇다면 확인되지 않은 비극은 또 얼마나 많을까? 게다가 이 통계자료는 오로지 신체적으로 가해진 폭력만을 다루고 있다. 이와 반대로 맞고 사는 남자들도 있다. 안타깝게도 남자가 맞고 산다는 얘기는 어디 가서 말하기도 부끄러운 일로 여겨지는 탓에 '매 맞는 남편'에 대한 공식 집계는 나와 있지 않다. 맞고 사는 남자들이 처한 지배 관계는 맞고 사는 여자들의 경우보다 더 철저하게 부인당하고 있다.

한편 정신적 폭력은 통계를 낼 방법이 없지만 전체 인구에서 결코 적지 않은 비율을 차지할 것이다. 맞고 사는 아내들이 가만히 있을 리 없지 않은가. 나는 상담을 하러 오는 남성들에게서 아내가 자기 흉만 본다, 자기를 모욕한다, 애정이나 섹스를 거부한다, 남성성이나 가장의 지위, 인격적 가치를 부정한다 등등의 고백을 심심찮게 듣는다. 이러한 고백들이 여성들이 가하는 정신적 폭력을 보여 주는 게 아닐까 싶다.

정상적인 부부는 서로 나르시시즘을 강화하는 면이 있다. 그러나 지배 관계에 있는 부부는 한쪽의 나르시시즘을 희생해 가며 다른 쪽의 나르시시즘을 살찌운다. 심리 조종자는 자신의 배우자 혹은 파트너를 사랑하지 않지만, 필요로 한다. 그는 배우자를 놓아주지 않으면서도 배우자와 친밀해지는 것은 두렵기 때문에 늘 일정한 거리를 둔다. 그의 괴롭힘은 주로 자신의 전능함을 수시로 확인하고픈 욕구에서 비롯된다. 이러한 정서적 지배에는 또 다른 형태의 통제와 요구들—물질적, 성적, 사회적 통제와 요구—이 뒤따라 맞물린다.

다른 사람의 심리를 조종하려는 사람들에게서는 상반되면서도 상보적인 두 가지 성적 행동방식이 관찰된다. 먼저 심리 조종자가 상대에게

과도한 성적 요구를 할 수가 있다. 그는 자신의 파트너를 흉보면서도 자기가 정서적으로나 성적으로 차지하고자 하는 몫은 우악스럽게 차지한다. 또 파트너의 질투심을 자극하기 위해 자신의 연애담을 자랑하거나 일부러 의심을 살 만한 여지를 남기기도 한다. 심지어 파트너가 피곤해하거나 성관계를 갖기 여의치 않을 때 더 강력하게 성관계를 요구한다. 생리나 임신 등 누가 봐도 성관계를 갖기 어려운 상황에서 성관계를 강요하는 것은 다분히 악의적인 행동이다. 그런 건 사랑이 아니라 지배의 문제, 승패의 문제다. 요컨대 그런 짓은 언제나 약탈 혹은 포식의 행동방식일 뿐이다. 여기서 그냥 넘어가면 개인의 존엄성과 미덕은 조롱거리가 된다. 파트너의 집요한 요구에 항복한 경험이 있는 사람이라면 누구나 성관계가 치욕적으로 느껴졌다고, 심하게는 강간당하는 기분이었다고 증언할 것이다.

반면에 심리 조종자는 어쩌다 파트너가 성관계를 갖고 싶은 눈치를 보이면 수동적인 태도를 취한다. 그는 파트너의 애정을 부인하고 말도 안 되는 핑계, 그러면서도 파트너에게 전가할 수 있는 핑계를 들어 모든 신체적, 성적 접촉을 거부할 것이다.

부부 사이의 정신적 괴롭힘은 이렇게 일상을 지옥으로 만든다. 상대가 자기 손아귀를 완전히 벗어날라치면 유혹 단계로 들어가기에 이따금 황홀한 막간극도 펼쳐지겠지만, 그렇다고 지옥이 천국으로 바뀌는 않는다.

부모-자식 사이에서 자녀에 대한 부모의 괴롭힘은 흔히 간과되는 폭력이다. 일부 미성숙한 부모들은 교육을 빙자하여 위협, 조롱, 비난, 모욕을 남용한다. 때로는 여러 자녀 가운데 유독 한 아이만 부모 중 어느 한쪽에게 학대를 당한다. 특히 재혼 가정의 새엄마와 새아빠는 배우자의 과거를 상징하는 아이에게 가학적인 태도를 보이곤 한다. 또 어떤 경우에는 부모가 성인이 된 자녀를 계속해서 손에 쥐고 휘두르며, 심지어는 그 자녀가 꾸린 가정에까지 간섭을 과하게 한다. 역으로 요즈음에는 부모에게 폭력을 휘두르는 자녀도 점점 더 많아지고 있다. 가족 중에서 누구 하나라도 남의 심리를 조종하는 경향이 있으면 그 집 전체가 끊임없이 골머리를 앓기에 충분하다.

나는 상담을 하면서 수많은 청소년이 학교 성적이나 장래 진로 문제로 부모나 교사에게 학대를 당한다는 사실을 알았다. 아이를 위협하고 깎아내리는 발언은 쉴 새 없이 계속된다. 학교에서 하루 종일 교사의 독설에 시달리다가 집에 오면 부모가 그 바통을 이어받고, 다음 날 학교에 가면 다시 교사가 바통을 이어받는다. 그뿐인가, 어른들의 괴롭힘으로 모자라 쉬는 시간에는 운동장에서 못된 또래 아이들이 놀리고 성가시게 군다. 요즘 담배나 술에 의존하는 청소년 비율이 자꾸만 높아 가는 것도 놀랄 일은 아니다.

이웃과의 사이에서 이웃과의 갈등이 괴롭힘의 원인이 될 수 있다. 누구든 이웃과의 갈등 상황에 책임을 져야 한다는 말을 들을 수 있고 자첫 잘못하면 공동체의 삶에 어긋나는 사람이라는 딱지가 붙을 수 있기 때문에, 이러한 상황은 더욱 악몽이다. 그런데 심리 조종자를 상대할 때는 화해의 노력이나 유연한 태도가 일을 더 악화시킨다. 심리 조종자의 목표는 항상 '상대를 불안정하게 만드는 것'이다. 당신이 평온하고 안정돼 보일수록, 세상에 거칠 것이 없어 보일수록 그는 당신을 미워하고 질투하며 한편으로 두렵게 여길 것이다. 그러므로 심리 조종자에게 호의를 갖고 인내하거나 그와 어떻게 잘해 보려고 해 봤자 사태만 악화될 것이다.

어쨌든 정신적 괴롭힘 속에서 이중 제약은 확실하게 작용한다. 도망치는 것 외에는 방법이 없다. 다른 사람을 정신적으로 괴롭히는 사람은 알력 관계를 추구하고 갈등을 좋아한다. 그는 당신의 감각을 차지하고, 당신의 기억 속에 등장하고, 당신의 정신을 지배하고 싶어 한다. 그들의 존재 방식은 그것뿐이니까.

심리 조종자에게 대놓고 "나를 불편하게 만들지 마라."는 말을 했다면 일을 더 그르쳤다고 확신해도 좋다. 그가 당신을 불편하게 하는 데 성공했다는 사실을 확신시켜 준 셈이니까. 그렇다고 아무 말 없이 내버려 두면 사람을 불편하게 만드는 짓이 더욱 심해질 것이다. 그래야만 끝내 당신 입에서 뭐라고 하는 말이 나올 테니까 말이다. 당신이 그를 봐주면 당신 영역이 그만큼 넘어갈 것이다. 당신이 지적하고 따지면 입씨름은 한없이 늘어질 것이다.

분노 폭발 단계

비뚤어진 인간은 스스로를 미워하지 않기 위해 자신의 미움을 다른 누군가에게 흘려보낸다. 괴롭힘이 중단되는 일은 없다. 한번 시작되면 비상식적인 신념들에 입각하여 저절로 굴러가는 것이 괴롭힘이기 때문이다. 진짜 변태적인 인간은 절대로 희생양을 놓아주지 않는다.

괴롭힘을 당하는 사람이 심리 조종자에게서 벗어나려 애를 쓰면 쓸수록 심리 조종자는 복수에 취한 사람처럼 증오와 분노를 불태운다. 심리 조종자에게 조금만 여지를 주었다가는 정말로 심각한 보복을 할 것이다. 더는 버틸 수 없다고 어떻게든 궁지를 면해 보려고 발버둥치지만 그걸로 끝이 아니라는 것을, 진짜 지옥은 아직 구경도 못했다는 것을 상대는 알게 될 것이다.

심리 조종자는 무슨 수를 써서라도 상대의 삶에서 떠나지 않기를, 상대의 생각을 지배하기를 바랄 테니까. 감히 자신의 지배를 벗어나려 한 죄를 응징할 수만 있다면, 그래서 상대가 영원히 잊지 못하게 본때를 보여 줄 수 있다면 아무리 학대해도 괜찮다. 상대를 끝까지 추적하고, 몰아세우고, 상대의 일상에 오만 가지 골칫거리를 심어 주려 할 것이다. 타이어 펑크 내기, 우편물 가로채기, 한밤중의 장난전화, 이메일 공세…. 남의 삶을 망치는 것 외에는 정말로 아무 소일거리가 없는 듯 보이는 사람도 있다.

심리 조종자와의 관계를 모두 끊고, 간접적으로라도 해결해야 할 문제를 남기지 않고, 경우에 따라서는 멀리 이사를 가야만 안전과 평화를 되찾을 수 있다. 그러나 자신을 지키는 법, 조종에 넘어가지 않는 법, 심리 조종자를 상대하고 다스리는 법을 배운다면 분노가 솟구칠 때에도 그 관계의 마지막 폭죽이 터지는 모습을 보듯 재미있게 구경하는 입장에 서게 될 것이다.

당신에게 찾아오는 정신적 타격

정신적 괴롭힘의 타격은 결코 가볍지 않다. 신체적, 정신적 증상들은 하루가 다르게 늘어 가지만 괴롭힘을 당하는 이가 그 원인을 자신의 인간관계에서 발견하고 악의를 깨닫기까지는 아주 오랜 시간이 걸린다. 그러한 증상들은 괴롭힘의 정도와 시간에 비례하여 나타나지만 그 자신의 의식 수준과도 관련이 있다.

스트레스

처음에는 그저 일상적인 스트레스로 다가온다. 정신적으로 학대를 당하고 있다는 생각을 못하는 동안에도, 심리적으로는 혼란스러움과 거북함, 불편함, 막연한 답답함 등의 신체적 증상을 겪는다. 그러다 일상적 스트레스의 징후들이 피로, 신경쇠약, 수면 장애, 집중력 장애, 두통, 소화불량, 요통 등의 기능 장애로 바뀐다. 무력감, 모욕감, 비정상적인 감정이 차츰 만성화된다. 괴롭힘이 중단되면 징후들도 사라질 수 있다. 예를 들어 팀이나 부서가 바뀐다든가 이사를 해서 정신적 괴롭힘의 가해자로부터 벗어나면 불과 몇 주 만에 모든 것이 제자리로 돌아오곤 한다.

심각한 증상들

반대로 괴롭힘이 계속된다면 증상들은 더욱 심해질 것이다. 게다가 위험이 큰 새로운 증상이 나타난다. 스트레스가 증폭될수록 깊이 생각할 수 있는 여력은 줄어든다. 그래서 심리 조종의 피해자는 점점 더 스트레스에 조건화된 반응, 무의식적인 반응을 보이게 된다.

그 첫 번째 반응으로 우울증이 올 수 있다. 늘 울적하고 자신을 하찮게 느끼며, 과도하고 부적절한 죄의식 속에서 살게 된다. 무엇을 하고 싶다는 마음조차 사라지며 옛날에 좋아했던 것들에 대해서도 관심을 잃는다.

그 외에 각종 심신증(정신신체증)이 올 수 있다. 정신신체적 증상은 일일이 열거하기 어려울 정도로 다양하다. 그리고 그 정도가 금세 심각해진다.

- 급격한 체중 감소 혹은 증가
- 소화불량, 위궤양, 결장염 등의 소화계 질환
- 갑상선 기능 이상, 생리 불순 등의 내분비계 질환

- 과도한 긴장, 심계증
- 불편함, 현기증, 피부 질환 등

괴롭힘을 당하고 있다는 의식이 없더라도 그의 몸은 벌써 알고 있기에 힘들다고 울부짖는 것이다.

정신적 문제

결국에는 불안정이 지속적으로 남을 것이다. 정신적 문제들이 차차 나타나고, 그 자신이 어떤 일상을 사는지 모르는 이들에게 이상한 사람으로 오해받을 것이다. 수치, 폄하, 두려움 속에서 살아가다 보면 세상 모든 것을, 세상 모두를 의심하게 된다. 남에게 불안하고 산만한 사람으로 여겨지고, 그를 괴롭히고 있는 사람을 비난할 때에도 안타깝지만 피해망상에 빠진 사람, 믿을 수 없는 말을 하는 사람으로밖에 보이지 않을 것이다. 나에게 상담을 받으러 온 사람들도 대개 이 단계에 있었다.

고통스러운 자각

자신을 겨냥한 악의에 정면으로 부딪힐 때에는 심리적 충격이 있게 마련이다. 심리 조종자의 지배에서 완전히 벗어나기 전까지는 몹시 취약한 상태에 있기 때문에 이 단계는 각별히 미묘하고 까다롭다. 정신적 괴롭힘을 받고 있는 이는 이 단계에서 이른바 외상 후 스트레스 장애를 보인다. 외상 후 스트레스 장애는 전쟁, 자연재해, 비행기 사고나 교통사고, 테러나 그에 준하는 엄청난 일을 겪고 난 후에 흔히 발생하는 심리적 반응을 통칭한다. 외상 후 스트레스 장애가 생기는 조건은 이러하다.

첫째, 외상 경험이 반복적으로 소생된다. 정신적 괴롭힘에 시달린 이는 자기가 당한 폭력이나 모욕의 몇몇 장면을 자꾸만 떠올린다. 그러지 않으려고 애써도 마음대로 되지 않는다. 그 일을 생각하지 않을 수 없고 말하지 않을 수 없다. 억제할 수 없는 충동을 통해 스스로 불행을 즐기는 듯 보인다.

"그 얘기는 집어치우고 더 이상 생각하지 마!"라고 주위에서 아무리 말해 봤자 소용없다. 자신이 당한 일을 이해할 수 없기 때문에 자꾸만 곱씹고 '내가 말을 했더라면, 내가 그렇게 하기만 했더라면…'이라고 가능한 시나리오들을 세워 보는 것이다. 이런 것은 다 뭔가 행동할 수 있는 힘을 얻기 위해서 자신의 경험에 의미를 부여하려는 시도다. 하지만 그런 시도를 해 봤자 자신의 모욕을 곱씹는 것밖에 안 된다. 밤마다 악몽이 되살아난다. 낮에는 아무 의미 없어 보이는 외부적 요소들이 문득 기억을 자극한다. 정신의 식민지화는 그렇게 계속되고 강박증은 여전히 다스리기 어렵다.

둘째, 스스로 일상과 괴리된다. 언제나 마음이 이런 일로 꽉 차 있기 때문에 현실은 와 닿지 않는다. 일상에 대한 흥미가 사라지는 것을 느낀다. 외부 세계를 회피하는 내향적인 사람이 되고 정서적으로 둔감해진다. 우울증이 지속되고 악화된다.

셋째, 다음과 같은 문제들이 지속적으로 동반된다.

- 수면 장애, 집중력 장애, 기억 장애
- 비이성적인 죄책감
- 외적 위험에 대한 민감성 때문에 극단적인 공포 혹은 회피 반응이
  나타날 수 있다. 자기가 지내던 곳에 돌아가기를 두려워한다든가,
  업무를 재개하기 힘들어한다든가 하는 식으로 말이다.

상징적으로라도 심리 조종자와의 사이에서 일어난 괴로운 사건을 떠올리게 하는 상황에 맞닥뜨리면 이러한 증상은 더욱 악화될 수 있다.

당신은 이 모든 증상을 언제나 고독과 수치심, 주위 사람들의 몰이해 속에서 경험할 것이다. 그리고 자신의 불운을 이해하고 말할 수 있을 때까지, 심신을 완전히 회복할 때까지, 스스로를 보호하는 법을 배울 때까지 수없이 자살을 꿈꿀 것이다.

그러나 "나를 죽이지 않는 것은 도리어 나를 강하게 만든다."고 했다. 이런 시각에서 볼 때 정신적 괴롭힘은 사람이 베푸는 일반적인 친절의 한계를 배우는 강력한 수단이다. 심리 조종자의 괴롭힘에 맞닥뜨리면 자신의 미덕을 보호하고, 자신에 대한 존중을 요구하고, 스스로 용인할 수 있는 한계를 정하고, 자기 내면의 소리에 귀 기울이게 된다. 하지만 그렇게 할 수 있으려면 일단 심리 조종의 악순환에서 벗어나야 한다.

의심을 떨치려면, 한번은 자기 생각을 확실히 정리하고 자신만의 기준과 확신을 가져야 한다. 단, 기준은 상세하고 구체적으로 세워야 한다.

두려움을 떨치려면, 타인의 보호와 신뢰도 얻어야 한다.

죄의식을 떨치려면, 상대의 존재 방식과 행동 방식을 다시 한 번 생각해 보고 그의 개인적 윤리를 새롭게 보며 서로의 책임 영역을 공정하게 나눠야 한다.

나는 이러한 규명의 첫 단계로 심리 조종자를 제대로 파악할 것을 제안한다. 심리 조종자는 어떤 사람들인가? 어떻게 그들을 식별하는가? 그들은 왜 다른 사람을 조종하는가? 그런 짓을 의식적으로 할까, 무의식적으로 할까? 우리는 모두 누군가에게 조종을 당할 수 있는가? 2부에서는 이러한 질문에 답하고자 한다.

DEUXIÈME PARTIE:
DISSIPER LE BROUILLARD

Part 2
그는 대체
왜 그러는
걸까?

그는 그저
엉큼한 조무래기,
미성숙한 인간일
뿐이다

01

그는 어떤
사람일까

지금부터 여러분이 상대하는 그 사람의 정체를 볼 것이다. 심리 조종자의 사고가 어떻게 돌아가는지, 그 사람은 왜 그렇게 행동하는지 이해하게 될 것이다.

나는 심리 조종을 다룬 책들을 꼼꼼히 읽어 보았다. 대부분 완성도가 높고 구체적인 사례가 넘쳐 나며 실질적인 자기주장의 노하우를 알려 주므로 읽어 볼 만하다. 하지만 '조심하라'는 당부도 덧붙이고 싶다. 어떤 저자들은 자기들이 비난하는 바로 그 교활한 무리의 논리에 발목이 잡혀 있다. 그래서 부지불식중에 그들의 편을 들어주고 있으니 어이없는 노릇이다. 예를 들어 심리 조종자는 매사를 비극처럼 과장하는 서툴고 유치한 배우이다. 그가 하는 말을 듣고 있으면 전부 심각하다. 모든 일이 엄청난 참사를 불러올 것만 같다. 심리 조종자의 말대로라면, 그의 지배에서 벗어나려는 반항도 무시무시한 결과를 초래할 것 같다. 그런데 이런 식으로 불러일으킨 공포심이야말로 그의 가장 큰 무기가 된다.

그렇기 때문에 심리 조종자를 각별히 위험한 인물로 묘사하고 규탄하는 책들도 어떤 면에서는 그에게 유리하게 작용한다. 그는 대단치 않은 사람, 그저 단호하게 한마디 하면 찍소리 못할 인간일 수도 있다. 같은 맥락에서 심리 조종자는 자신은 법도 피할 수 있고 누구든 구워삶을 수 있다는 식으로 지껄이곤 한다. 그 수작이 워낙 음흉해서 눈에는 잘 안 띄지만, 대개는 곰곰이 생각만 해 보아도 그를 꼼짝 못하게 할 명백한 증거들을 모을 수 있다.

심리 조종자에게 피해를 입은 사람은 오히려 그들의 분노를 살까 봐 자신의 권리를 요구하지 못하거나 자기 몫을 청구하지 못할 때가 많다. 그런데 책에서까지 심리 조종자가 대개 아무 처벌도 받지 않는다는 사실을 강조하면 그에게 단호하게 행동을 취할 엄두가 더욱더 나지 않을 것이다. 얼마나 안타까운 일인가.

이 약탈자의 지배와 싸우는 최선의 방법은 더 이상 그를 대단하게 보지 않고 만만하게 넘어가지 않는 것이다. 그러니 그를 대단하고 사악한 존재처럼 묘사하지 말자. 그의 행동을 완전히 꿰뚫어보고 나면, 무섭지도 않고 호락호락 넘어가고 싶지도 않을 것이다. 그때부턴 그가 무슨 짓을 해도 그냥 우스워 보일 뿐이다.

심리 조종자의
가면 속 어린아이

정말로 위험한 사이코패스와 소아성애자를 제외한(다시 한 번 말하지만, 이 책에서는 이런 범죄자들을 깊게 다루지 않는다.) 평범한 심리 조종자들은 누군가에게 상당한 피해를 입히기는 해도 생각만큼 무서운 사람들은 아니다. 꼭 맥주처럼 보이지만 사실은 알코올이 전혀 없는 음료가 있다. 심리 조종자도 어른의 모습을 하고 어른의 삶을 살며 어른으로서 책임이 있지만 사실은 어른이 아니다. 그런데 우리는 그의 겉모습에 속아 넘어간다. 처음부터 이 엄청난 오해를 깔고 시작하기 때문에 그를 상대하면서 오만 가지 어려움에 부딪히는 것이다.

심리 조종자는 근본적으로 미성숙한 인간이다. 그의 정신연령은 기껏해야 열다섯 살, 정말 못됐다 싶은 인간(가장 비뚤어진 인간들)은 다섯 살 수준으로 보면 된다. 왜냐하면 그에겐 실제로 어린아이의 이기심, 파리 다리를 하나하나 잡아 뜯으면서 약간의 거리낌도 없이 좋아하는 어린아이의 잔인함이 있기 때문이다. 이러한 미성숙성은 도로를 공포 분위기로 몰아넣는 난폭 운전자에게서도 볼 수 있다. 그는 성인으로서 운전면허를 취득해 차를 몰지만 정신적으로는 아직도 '부릉부릉 뛰뛰빵빵' 수준을 못 벗어났다.

결국 심리 조종을 당하는 이도 본능적으로 상대가 어린애 같다는 느낌은 받는다. 하지만 상대의 정신연령이 얼마나 낮은지 실감하지는 못한다. 심리 조종자의 프로필에서 이러한 미성숙성은 곧잘 지적되지만, 다른 문제들(완벽주의, 나르시시즘, 편집증 등)과 결부된 부수적 문제 정도로 치부되곤 한다. 하지만 내가 보기에는, 미성숙성 자체가 하나의 독자적인 병이자 문제의 핵심이다. 그의 정신은 놀이터에서 뛰어놀던 그 옛날에서 못 벗어났다! 심리 조종자는 버릇없고 이기적인 아이, 의뭉스럽고 심술궂고 거짓말 잘하고 제대로 교육받지 못한 조무래기다. 이 사실을 깨닫고 나면, 그가 아무리 험악한 눈빛으로 쩨려보고 협박을 하고 난리를 피워도 크게 겁나지 않을 것이다. 오히려 "그만해! 떼쓰지 마!"라고 외치고 싶은 충동이 들지 않을까.

성숙하지 못한 인격에는 몇 가지 특징이 있다.

일단 '성숙하지 못하다'는 말은 상당히 주관적인 판단이다. 사람마다 '성숙'을 달리 정의할 수 있다. 그러니 이 책 전반에 걸쳐 우리가 같은 대상을 두고 논의할 수 있게끔 기준을 세우는 것이 중요하다.

최근에 어떤 동요 가수가 TV에 나왔다. 방청객과 시청자는 그녀가 오랫동안 쌓아 온 풍부한 이력을 되돌아보는 기회를 가졌다. 스튜디오에 나와 있는 방청객은 30명 정도였는데, 모두들 신나게 동요를 따라 부르며 율동까지 했다. 그들은 아직도 어릴 때 배웠던 가사와 동작을 기억하고 있었다.

자, 이 방청객들은 유치한 걸까? 신나게 놀 줄 아는 사람은 어린애 같은 사람인가? 이런 자리에서 점잔을 빼고 유치한 짓거리에 동조하지 않아야 성숙한 어른인가? 이제 우리 모두 알고 있지 않은가. 우리는 어른스럽게, 자율적이고 객관적인 방식으로만 살지 않는다. 어떤 사람은 일단 '질러 놓고' 통장 잔고 맞추기에 급급하고, 어떤 사람은 자신의 건강을 소홀히 한다. 연애만 했다 하면 상식이고 뭐고 모르는 사람들이 있는가 하면, 권위깨나 있다는 사람 앞에 가면 찍소리 못하고 금세 설설 기는 사람도 있다. 철저하게 현실과 책임만 생각한다고 자신할 수 있는 사람이 누가 있을까? 무책임한 태도가 어느 선까지 이르러야 그때부터 '미성숙'이라는 딱지가 붙는 걸까?

사실 모든 것은 우리의 '내면 아이'에 대한 태도에 달렸다. 우리는 모두 한때 어린아이였고, 지금도 다소간 어린 시절의 추억을 간직하고 있다. 어린 시절 이야기를 자주 하는 사람도 있고 그런 이야기를 일절 하지 않는 사람도 있다. 어떤 이는 자신의 어린 시절에 대해서 이런저런 여지를 두고 상당히 객관적인 판단을 내리지만, 또 어떤 이는 '뭐든지 마냥 좋았던 시절' 혹은 '인생의 암흑기'로 치부한다. 이제는 온전한 어른이라는 기분과 한때는 어린아이였다는 의식, 그 둘 사이에서 균형을 잡아야 한다.

나는 성숙은 '과거의 아이와 현재의 어른 사이에서 균형 있게 행동할 수 있는 거리 감각과 분별'에서 온다고 생각한다. 우리 안의 아이와 어른이 바람직하게 소통하려면 그러한 거리 감각과 분별이 꼭 필요하기 때문이다. 한때 아이의 모습이었던 우리, 그 내면 아이는 우리 삶 전체와 함께한다.

사람들은 이러한 내적 존재의 영향력을 간과한다. 하지만 내면 아이는 우리의 자아실현에 핵심적인 역할을 한다. 성숙한 사람, 한껏 무르익은 사람은 자신의 어린 시절과 화해한 사람이다. 과거의 고통을 부정하지 않고 대면해서 결국은 극복한 사람이다. 행복했던 추억을 떠올리거나 이야기를 하면서 즐거워하고 별로 행복하지 않은 추억도 끌어안을 수 있는 사람이다. 이런 사람의 내면 아이는 평온하다.

평온한 내면 아이가 그 자신을 환히 빛나게 하고 삶의 기쁨을 느끼게 해 준다. 그 덕에 편안하게 긴장을 풀거나 신나게 놀 줄 안다. 아이처럼 논다고 해서 책임감이 부족하거나 어른 구실을 제대로 못 할 이유는 없다. 아니, 오히려 그 반대다. 무게를 잡지 않으면서도 매사를 진지하게 받아들인다.

한편 미성숙한 인간은 잘난 체하면서 자신의 책임은 진지하게 생각하지 않는다. 자기가 어른이라는 사실을 알고 싶어 하지 않고 자신의 내면 아이를 돌보지도 않는다. 상황을 제대로 파악하기 위해 필요한 거리 감각이 없기 때문이다. 그렇다 보니 그의 내면 아이는 태만하고 무섭고 슬프다. 그 아이 때문에 그의 인격은 온전히 계발되지 못하고, 사는 게 어렵고 힘들기만 하다. 그는 의미 없는 사소한 것에 집착하며 정말로 중요한 것을 잊어버린다.

그렇지만 심리 조종자가 모두 미성숙한 사람이라 해서 미성숙한 사람이 모두 심리 조종자인 것은 아니다. 미성숙한 사람들은 가끔 자기 목적을 이루기 위해 우회적인 수단을 쓰긴 하지만, 대부분 자신의 감정에 솔직하고 남들의 견해에 귀를 기울이고 양보할 것은 양보하고 아무 계산 없이 친절을 베푼다. 그런데 심리 조종자들은 이렇지 않다. 그들의 핵심 특징은 미성숙이지만 그들의 미성숙은 좀 특별하다. 그들의 경우에는 내면 아이가 인격적으로 무르익었느냐, 그렇지 못하느냐가 문제가 아니라, 그 아이가 제대로 내면화되지 못했다는 것이 문제다. 심리 조종자는 유년기의 특수성을 부정하고 실제로도 아이와 어른을 구별하지 않는다.

마지막으로, 오늘날 사회가 얼마나 미성숙을 부추기고 미화하는지 확실히 짚어 보겠다. 순전히 상업적 이유, 정치적 이유에서 마음 가는 대로, 충동적으로 행동하게끔 자극하는 것들이 너무 많다. 이 사회는 하루 종일 부드럽고 달콤한 것을 깨작거리고 텔레비전 앞에서 뒹굴고 '이미 만들어진 사유'를 받아들이고 빚을 내서라도 소비를 하게끔 우리를 유도한다.

광고에 등장하는 인물들을 보라. 어린애 같은 부모에게 호통을 치는 아이, 가정의 조화보다는 개인적 충동을 우선하는 부부, 수수료를 몇 푼 할인해 준다고 희희낙락하는 은행 고객…. 게다가 전 지구적 차원에서 무책임한 정치 지도자들은 또 얼마나 많은가. 일부 구호단체들은 그 자체로 하나의 장사가 되어 버리진 않았는가. 이렇게 세상이 점점 더 무책임해지고 우리에게도 성숙한 인간이 되라고 권하지 않는데 어떻게 온전한 어른이 되겠는가.

'미성숙'을 이렇게 분명히 짚고 넘어가는 이유는 지금부터 심리 조종자가 어떤 사람인지 알아보기 위해서다. 자신이 부분적으로 미성숙한 면이 있음을 아는 사람은 다음에 이어지는 내용이 자기에게 해당 사항이 없다는 것도 알 것이다. 심리 조종자의 미성숙은 완전히 별개이며 매우 독특한 미성숙이다. 이제 그 미성숙을 모든 면모에서 살펴보겠다.

만약 주위에 당신의 삶을 좀먹는 심리 조종자가 있다면 다음과 같은 방식으로 그의 모습을 떠올려 보기 바란다.

그는 자기 몸에 너무 큰 양복과 넥타이를 착용한 (못되고 부루퉁한) 어린애다. 소매는 축 늘어지고 바짓단은 너무 큰 구두 위에 늘어져 있다. 혹은 그는 어른의 모습 그대로이지만 애들이나 입는 반바지 세일러복을 입고 한 손에는 굴렁쇠를, 다른 한 손에는 막대사탕을 들고 있다. 상대가 여자라고 해도 비슷한 방식으로 상상할 수 있다. 외모는 여자 어른이지만 주름치마에 하얀 발목양말을 신고 머리를 양 갈래로 묶었다. 손에는 줄넘기 줄과 공주거울이 들려 있다. 아니면 어린애가 여자 어른처럼 꾸민 모습을 상상해 보라. 그 아이는 자기 발에 너무 큰 하이힐을 신고, 목걸이를 무릎까지 치렁치렁 늘어뜨리고, 심술궂게 뒤틀린 입술에 아무렇게나 립스틱을 칠했다.

이러한 상상을 하면서 터뜨리는 웃음은 당신에게 이롭다. 당신은 벌써 그와 그의 정신연령을 한층 명확하게 파악한 것이다.

심리 조종자는 어른의 세계에 겁먹고 골이 잔뜩 난 늙은 아이일 뿐이다. 그는 자기도 별로 약지 못한 주제에 당신의 순진함을 이용해 속일 수 있다고 생각한다. 그를 알면 알수록 조종의 메커니즘, 병적 완벽주의, 편집증, 착각 어린 나르시시즘에 매몰된 이로 보일 것이다. 당신이 서투른 짓을 도모할 여지를 주지 않는다면 그는 아무 해도 끼치지 못한다.

그에 관한 소문, 참일까 거짓일까

심리 조종자에 대한 말들은 많고 더러 그 말들은 서로 모순되기도 한다. 여러분의 생각을 확실히 하기 위해서 그중 참과 거짓을 분류해 볼 것을 제안한다.

매력적이고 속을 알 수 없다?

반은 맞고 반은 틀린 말이다. 그들은 보통 사람들보다 괜찮은 모습을 곧잘 보이지만 그건 어디까지나 콩고물이라도 주워 먹으려고, 누구에게 잘 보일 일이 있어서 자기 이미지를 관리하고 순진한 사람들의 에고를 충족시켜 주고 알찬 인맥을 만들려는 수작이다. 심리 조종자는 자신의 견해 따위는 셔츠 갈아입듯 달리할 수 있다. 그에겐 견해도 위장복에 불과하다.

한편으로 그는 과거의 행적을 감추고 존경받을 만한 모습을 연출하곤 한다. 인도주의적 단체에 기부금을 낸다든가 명예롭게 여겨지는 직업을 선택한다. 또 사회생활에서나, 사생활에서나 자신의 주변 사람들이 자신의 이미지를 보호하도록 단속한다. 직장에서는 동료들이 그의 무능을 책임지고 은폐해 줘야 한다. 동료가 직업적 양심이 투철해서 그가 저지른 실수까지 나서서 해결해 주든가, 아니면 그의 보복이 두렵거나 그 실수를 자기가 덤터기 쓸까 봐 두려워서 해결해 줄 것이다. 그래서 심리 조종자에게는 항상 자기 뒤에 실수를 감춰 주고 과오를 만회해 줄 누군가가 있기 때문에 자기가 행동을 취할 필요도 없다. 덕분에 그는 무능하고 위험한 인간인데도 아무 처벌을 받지 않는다.

몇 년 전에 모 회사 사장이 상담을 받으러 왔다. 그는 자신의 가장 직접적인 경쟁자가 남의 심리를 이용하는 데 귀재라고 불평을 하였다. 그 경쟁자는 그의 자료를 훔쳤고, 고객을 빼내 갔으며, 친절하게 구는 척하면서 은근히 그를 협박했다. 그가 탄식했다. "그 인간이 6개월 뒤에 결혼한대요. 약혼녀는 자기가 사기꾼하고 결혼한다는 걸 아는지 모르겠네요!" 나는 대꾸했다. "그게 사실이라면 그 여자에게 말해 주시지 그래요? 그녀에겐 인생이 송두리째 달린 일인데 그렇게 중요한 정보는 알려 주어야 하지 않나요? 당신이 그 약혼녀라면 아무것도 모른 채 결혼하고 싶겠어요?"

그는 눈이 휘둥그레져서 나를 바라보았다. 그녀에게 알린다는 생각은 꿈에도 해 보지 않았으니까. 그 사기꾼의 동업자들에게도 알릴 생각은 해 보지 못했다. 근거 없는 중상모략이 아니라 엄연한 사실이고 주변 사람들에게 크게 도움이 될 만한 정보라면 말해 줘야 하지 않은가.

또 상담을 하면서 보니, 나를 찾아온 사람들은 내 입에서 '심리 조종자'라는 말이 나와야만 사태를 깨닫는 듯했다. 심리 조종자는 그런 이들 속에서 늘 아무런 대가도 치르지 않고 쏙 빠져나갔던 것이다.

그에 반해 심리 조종자는 그렇게까지 속을 알 수 없는 사람은 아니다. "지나치게 예의 바른 자는 정직하지 않다."는 속담이 그에겐 절묘하게 들어맞는다. 모든 면에서 참 괜찮아 보이는 사람이 빛 좋은 개살구에 불과할 수도 있다. 그의 존재가 왠지 모르게 불편하다면 그 사실만으로도 그의 '조악한' 면에 대해 경계심을 품을 이유는 충분하다. 우리 중 누구라도 조종당할 수 있다.

자신의 감정은 자기가 제일 먼저 안다. 심리 조종자를 대할 때는 마음 한구석이 본능적으로 불안하든가 불편한 기분이 든다. 하지만 객관적으로 볼 때 그는 싹싹하고 단점이 없다. 우리가 그를 경계할 이유도 없다. 그래서 우리는 이 내면의 경고를 무시하고 넘어가곤 한다.

심리 조종자를 겪어 본 사람들은 훗날 꼭 이런 이야기를 한다. 분명히 그가 긍정적으로 보였는데도 머릿속에서 "이 사람은 아냐!"라는 경고가 울려 퍼졌다고.

게다가 심리 조종자는 유혹 단계에서 매력적으로 보인다. 나중에야 가면이 벗겨지고 본색이 드러난다. 그에겐 대외적인 얼굴, 모든 면에서 바람직한 얼굴이 하나 있고, 심리 조종 대상에게만 보여 주는 사악하고 못된 얼굴이 따로 있다. 그런데 우리는 예전에 알았던 그 호감 가는 얼굴에 대한 향수 때문에 자기가 좋게 여기는 그 사람에게 이제는 못된 심보밖에 남지 않았다는 현실을 종종 인정하지 못한다.

심리 조종자는 상대를 요리할 수 있다고 생각할 때만 정감 가게 군다. 당신이 아무 쓸모가 없다고 생각되면 완전히 무시할 것이다. 당신을 따돌리고 싶을 때에는 대놓고 최악의 모습까지 보여 줄 것이다. 공격적이고 불안하게 만드는 모습으로 당신을 도망치게 만들 것이다. 게다가 그는 바로 이 수법으로 당신을 고립시키기도 한다.

여러분에게 본능을 발휘하라고 말하고 싶다. 앞으로 새로운 사람을 만나거든 비록 이성적으로는 아무것도 파악할 수 없을지라도, 상대가 사람 좋고 진실해 보이더라도 당신 마음이 불편하지는 않은지, 직관적으로 그 사람에게 반감이 들지는 않는지 살피기 바란다. 그러지 않으면 언젠가 이런 말을 뱉게 될 것이다. "이럴 줄 알았어! 처음 예감을 믿었어야 했는데!" 그러니까 우리가 자신의 본능을 믿는다면 어떤 경우에는 생존 본능이라고 불러도 좋겠다. 심리 조종자를 알아보는 일도 그리 힘들지 않다.

더욱이 심리 조종자는 항상 말과 행동이 따로 노는 경향이 있다. 그는 언행일치가 안 된다. 말은 참 그럴싸한데 실제로는 별것도 없다. 항상 충분히 시간을 들여서 상대의 말과 행동에 어긋남이 없는지 살피기 바란다. 만약 상대의 말과 행동이 따로 논다면 어디까지나 객관적 사실만을 받아들이라. 그렇게 해야 나중에 환멸을 조금이라도 덜 느낄 테니까.

똑똑하다?

그렇지 않다. 그저 모든 지적 능력을 조종의 메커니즘에 쏟아부을 뿐이다. 이건 엄연히 다른 얘기다. 그는 다른 사람을 조종하는 데는 매우 탁월하지만 그 밖의 다른 일은 전혀 할 줄 모르기 때문이다. 그는 계산적이고 교활하며 권모술수에 능하다. 하지만 그가 수시로 꾸미는 일이 기대했던 파급 효과를 낳지 못한다면 그는 더 이상 위험하지 않다. 그는 자기가 조종할 수 없는 사람 앞에서는 꼼짝 못한다. 이제 쓸모없게 된 끄나풀들을 당겨 가며 쩔쩔매는 꼴은 우스꽝스럽기만 하다. 똑같은 짓을 한층 더 그악스럽게 하는 그는 우습다 못해 추해 보인다. 그러다 결국 제풀에 지쳐 속셈을 드러내고 말 것이다.

다음에 나오는 부부의 예는 이러한 메커니즘에 대해 시사하는 바가 있다.

남편 브뤼노의 태도에 질릴 대로 질린 아내 파트리시아는 결국 집을 나왔다. 그러자 브뤼노는 금세 다정하고 사려 깊은 남편 행세를 했다. 그가 어찌나 살갑게 굴면서 한편으로 어찌나 힘들어하는지, 파트리시아는 곧 죄책감을 느끼고 가출한 것을 후회했다. 하지만 외부에서 보면 브뤼노가 아내를 붙잡기 위해 계산적으로 행동하고 있음이 분명했다. 이제 와서 아내가 꿈꾸던 남편이 될 수 있는 사람이면 지난 25년 사이에도 충분히 그럴 수 있었을 것이다.

파트리시아는 나의 조언에 따라 집에 돌아오라는 남편의 말 없는 압박에 꿋꿋이 저항하며 실질적인 변화를 약속해 달라고 요구했다. 브뤼노는 힘들어하는 사려 깊은 남편 역할을 더욱 과장되게 연기하면서 그 상황을 대충 넘기려 했다. 그러나 파트리시아가 꿈쩍도 하지 않고 계속 변화를 요구하자 결국 본색을 드러냈다. "좋아, 좋아. 당신, 당장 집으로 들어와. 내가 언제까지나 좋은 말로 달랠 줄 알아?"

심리 조종자는 대단히 영악하고 교활한 구석이 있지만 정신연령이 낮기 때문에 지능이 뛰어나다 보기 어렵다. 그의 사고 체계에 좀 더 관심을 기울여 보면 기존의 관념, 이것 아니면 저것이고 지금 아니면 영영 안 된다는 식의 흑백논리, 세상의 통념, 당연한 이야기 등을 조악하게 엮은 '이미 만들어져 있는 생각'을 대단히 깊이 있고 독자적인 자신의 생각인 양 포장하고 있음을 알게 될 것이다.

그 후에는 그가 지적으로 게으르고 늘 사용하는 어휘만 구사한다는 것을 깨달을 것이다. 나무 이름, 새 이름은 외워서 뭐해? 나무는 나무, 새는 새일 뿐인데! 심지어 그는 남들의 이름을 기억하려는 수고조차 하지 않는다. 심하게는 자기 자식이나 손자 이름도 얼른 떠올리지 못하고 우물거린다.

또 그는 현실과 거리를 둘 줄 모르고 상상을 거부한다. 상징적인 것, 정서적으로 의미 있는 것을 파악하지 못하고, 완벽함에 대한 유치한 환상이나 부풀릴 뿐 진정으로 꿈을 꿀 줄은 모른다. 그에게 유머 감각이 부족한 것도 같은 이유에서다. 그의 정신적 기준은 평범하고 진부한 것에 불과하다. 그가 대는 이유는 늘 구체적이고 체질적인 것, 음식과 관련된 것, 바이러스처럼 전염되기 쉬운 것, 점성술처럼 근거 없는 것이다.

그에게 '의사'는 질병과 신체적 죽음에 맞서 싸우는 마법사와도 같지만 '심리 상담사'는 멸시와 조롱의 대상이다. 그에게 정신의 병 따위는 존재하지 않는 것이기 때문이다. 그는 자기가 정서나 기분을 고려하지 않는 사고방식을 갖고 있기 때문에 노력만 하면 다 될 것처럼 생각한다. 모든 것은 의지의 문제다.

그는 매사에 초탈한 철학자 같은 풍모를 지녔지만 실상은 얄팍한 교양의 소유자일 경우가 많다. 정말로 교양 있는 사람은 소탈하고 너그럽다. 심리 조종자는 잘난 체하는 말투로 다른 사람들의 무지를 조롱하며, 남들이 바보 취급당하는 꼴을 보고 좋아한다. 그러나 뭐든 잘 아는 양 떠들어 봤자, 실상 그 자신의 지식은 보잘것없다. 그가 하는 말을 주의 깊게 들어 보면, 처음엔 박식해 보일지 몰라도 알맹이가 없거나 일부러 난해한 얘기를 지껄이는 식이다.

그의 지능은 순전히 조종 수법 쪽으로만 발달해 있기 때문에 비판을 수용하거나 자신의 사고 체계를 전면적으로 뒤집어 보지 못한다. 이렇다 보니 심리 조종자와 이성적으로 대화하기란 불가능하다. 행복하고 즐겁게 살아가는 태도, 친밀한 교제, 단순하고 진실한 소통이 불가능한 사람이라면 설령 그 사람의 지능지수가 높다 해도 정말로 머리가 좋은 사람이라고 할 수 있을까?

현란한 말솜씨로 최면을 건다?

최면을 거는 말　최면에 한해서는 이 말이 맞다. 심리 조종자는 모호한 말, 일반적인 말, 완곡한 말, 터무니없는 말, 중의적인 표현, 반쯤은 사실이고 반쯤은 거짓인 말은 물론이요, 그가 유독 선호하는 자기 본위의 해석과 암시, 비방을 능수능란하게 구사한다.

그는 매사를 투명하게 밝히지 않고 모호하게 처리하려 한다. 그가 하는 말은 들쭉날쭉하고 사악한 암시로 가득 차 있다. 말의 중간은 싹둑 잘라먹고 말의 머리에서 꼬리로 넘어가든가, 말끝을 일부러 흐리거나 애매한 표현을 남발한다. 또 그는 말로 사람을 취하게 하고, 정신을 혼미하게 만들고, 겁을 준다.

실제로 그의 수법은 마술사가 쓰는 수법과 동일하다. 마술쇼에서는 화려한 무대, 뛰어난 입담, 몸에 딱 붙는 옷을 입은 아름다운 여성 조수, 관객의 눈앞에 들이미는 원색의 손수건 따위가 보는 이의 주의력을 흐트러뜨리기 때문에 마술사가 그 레퍼토리 속의 트릭을 몰래 구사할 수 있다.

내가 직접 에릭슨 최면요법을 공부한 바 있기 때문에 최면 특유의 화법과 태도를 식별할 수 있다. 심리 조종자가 이 최면의 메커니즘을 직관적으로 파악하고 본능적으로 구사하여 대화 상대의 의식 상태를 바꾸어 놓는 양상을 보면 입이 떡 벌어질 정도다.

이를테면 그는 이런 식으로 말을 할 것이다.

- "본론부터 얘기할게. 화요일에 우리 만났었잖아…."

어, 좀 이상하다. 당신이 그를 만난 날은 화요일이 아니라 수요일이다. 잘못을 정정하고 싶은 것이 인지상정인지라 당신은 얘기를 들으면서도 계속 그 오류에 신경이 쓰인다.

- "그날 헤어지기 전에 중요한 얘기를 했어야 했는데, 내가 잊어버렸어."

그럼, 왜 당장 말하지 않고 이제야 말하는데? 그야 당신의 감각을 이 정보에 대한 기대가 온통 차지하게 하기 위해서다. 그래야 당신의 감각이 대화의 나머지 부분에까지 명확하게 미치지 못할 테니까.

- "누구나 자기가 제일 힘들지, 안 그래? 그래도 우정은 중요한 거야. 내가 무슨 말 하는지 알겠지!"

이렇게 애매한 말을 좋지 않은 때에 툭 던져서 당신 마음 한구석을 불편하게 하는 것, 그게 바로 그들의 특기다. 도대체 무슨 말을 하고 싶은 걸까? 아마 하고 싶은 말도 없을 것이다. 그냥 지금 하고 있는 대화에 집중할 수 없도록 주의력을 흐트러뜨리고 당신을 한참 동안 딴생각에 잡아 두려는 속셈일 뿐!

- "사실, 자네가 지난번 회의에 대해 간단하게 쓴 보고서를 봤네. 전체적으로 봐서 아주 나쁘지는 않더군!"

미묘하게 사람을 깔보는 말이다. 보고서를 쓴 사람으로서는 은근히 열 받을 만도 하다. 130쪽이나 썼는데, 간단하게 쓴 보고서라니? 또 작업의 질을 의심하는 듯한 발언이기도 하다. 아주 나쁘지는 않다? 엉터리는 아니지만 별 볼일 없더란 말인가? 게다가 '전체적으로 봐서'라니? 그럼, 세부적으로는 오류가 있었단 말인가?

그는 이렇게 고의로 상대의 주의력을 산만하게 만든다. 더욱이 이 일관성 없고 불완전하고 모순적인 말들은 부인, 경멸, 순전한 위협으로 이루어진 사악한 견해를 담고 있다. 그래서 최면에 대해 잘 알지 못하는 대화 상대도 이 메커니즘까지 파악하지 못하면서도 괜히 불편하고 안절부절못하는 기분을 느낀다.

피상적으로 매끄러운 소통　참으로 놀랍게도 그들의 최면 수법은 거의 생존 본능에 속하는 것, 거의 무의식적인 것이다. 행적을 숨기고, 자기 말에 책임지지 않고, 상대를 위협하는 것이 그에겐 자신을 두렵게 만드는 세상을 통제하는 방식이기 때문이다.

밀턴 에릭슨은 "간접 최면은 두 살짜리 아이도 할 수 있는 과정"이라고 했다. 완구점 진열장에서 탐나는 장난감을 발견한 두 살짜리 여자아이가 부모에게 말을 하지 않고도 자기 요구를 관철시키는 모습을 관찰하면 이를 알 수 있다. 심리 조종자의 소통 방식은 우리가 생각하는 것보다 훨씬 제한되어 있다. 그는 미성숙한 인간일 뿐 아니라 지적인 면에서 게으르고 그리 똑똑하지도 않기 때문에 세련된 방식의 소통은 무리다.

다섯 살배기 남자아이가 지금 막 꽃병을 박살 냈다고 치자. 꽃병 파편이 아이의 발밑에 흩어져 있다. 그런데도 아이가 도리질을 하며 딱 잡아뗀다. "내가 안 그랬어요!" 이 말은, 사실 '내가 그런 게 아니었으면 좋겠어요!'라는 뜻이다.

심리 조종자도 정신연령은 이 어린 아이와 같아서 마법적 사고 수준에 머물러 있다. 말하는 일이 그들에겐 마법의 주문을 외우는 일과 매한가지다. 말로 내뱉으면 곧 법적 효력이 생기는 줄 안다. 자기가 말하면 그게 진실이다. 기분 나쁜 현실은 반대로 말해 버리면 그뿐이다. 우리에게 착각을 불러일으키는 그의 기만도 이런 맥락에서 설명될 수 있다. 그가 "난 그런 말 안 했어!"라고 하면 '내가 그런 말 하지 않았으면 좋았을걸!'로 받아들여야 한다.

'마법적 사고'는 '창조적 시각화'와 무관하다. 여러 가지 자기 계발 방법에서는 긍정적 사고를 통해 이로운 변화를 낳고, 마음속으로 새롭고 창의적인 방법들을 역동적, 건설적으로 발전시키기 위해 창조적 시각화를 제안한다.

창조적 시각화는 유용한 도구이고, 이 도구를 규칙적으로 사용하는 사람은 어떠한 이점이 있는지 말할 수 있을 것이다. 그러나 이 도구를 미성숙한 사람에게 제안할 경우에는 그들의 유치한 마법적 사고와 현실 부정이 더 심해질 위험이 있다.

마법적 사고가 아닌 긍정적 시각화는 어디까지나 자신이 머릿속으로 떠올리는 이미지가 가상이라는 점을 인지하여 현실과 구분하고, 나아가 자신이 발전시키고자 하는 방향으로 행동을 취할 수 있게 한다. 마법적 사고는 정반대다. 마법적 사고에 빠진 사람은 가상과 현실을 구분 못하고 늘 수동적이며 창조성을 거의 발휘하지 않는다. 그래서 심리 조종자의 현실 부정 체계는 대단한 위력을 발휘하며 사고를 차단한다. 그 체계는 해결책을 세울 때에 도움이 되는 법이 없다. 그는 생각한다. '내가 생각 안 하면 그걸로 끝이야.' '내가 다르게 생각하면 달라지는 거야.' 그의 마법적 부인이 더 이상 먹히지 않을 때, 그는 문제를 잊고 계속 도망치고 싶어서 의약품, 술, 좋지 않은 약물에 의존하기 쉽다.

이런 이유에서 그와 이성적으로 대화를 한다는 것은 불가능하다. 그는 말을 무기처럼, 마법의 주문처럼, 자기가 맨 먼저 나서서 믿고 싶은 주술처럼 여긴다. 그가 진실할 때는 드물고 설령 그렇다 해도 대개 어쩌다 얻어걸린 진실일 뿐이다.

우리는 어떤 말이 곧 그것이 지칭하는 사물은 아니라는 것을 원칙적으로 다 안다. '개'라는 낱말이 사람을 물어뜯지 않듯이. 그러나 심리 조종자는 이러한 추상 능력이 부족하다. 그에겐 이름이 곧 사물이고, 보이는 것이 곧 진실이다. 그가 남에게 어떻게 보이느냐에 신경을 많이 쓰는 이유도 여기에 있다. 그는 겉모습이 곧 그 사람의 실체라고 믿는다.

심리 조종자는 생각 없는 행동이나 행동이 따르지 않는 생각도 당연하게 여긴다. 그래서 아무 행동도 하지 않으면서 입으로만 잘도 도와준다. 입으로 뱉은 말과 행동을 연결하지 못하는 것이다. 그렇다 보니 말만 해 놓고는 실제로 도와준 거나 다름없다고 생각한다. 그의 언행 불일치가 늘 무의식적인 것은 아니다. 계산된 것일 수도 있다. 특히 이미지는 관리해야겠는데, 행동은 취하고 싶지 않은 상황에서 그렇다. 뭐든지 말로 때우려 한다. 그러니까 심리 조종에 능한 한 엄마는 입원한 딸을 보러 와서도 "엄마가 너 보고 갔다고 사람들에게 다 말해야 한다."라고 할 수 있는 것이다.

말이 전부가 아니라는 것을 깨달을 만큼 충분히 거리를 두고 물러나서 보면, 결국 그의 소통이란 쉬는 시간 운동장에서나 들을 법한 유치한 몇 마디 말로 요약된다.

- "너, 이따가 좀 보자.": 그가 제멋대로 만들고 끊임없이 바꾸는 규칙들을 지키지 않으면 오만 가지 보복이 기다릴 것이다. 그는 판이 자기 뜻에 맞게 돌아가지 않으면 산통을 깨거나 속임수를 쓴다. 위협과 협박은 "빵! 너, 죽었어!" "너, 죽는다!" "자꾸 그러면 죽어 버릴 거예요. 내가 죽으면 엄마는 좋겠지!"라는 식으로 변할 것이다.
- "아니거든!": 그는 빤히 밝혀진 사실들을 부인할 수 있을 만큼 기만적이다. 남들은 그렇게 뻔뻔한 거짓말을 생각도 못하기에 당황하게 마련이다. 그러한 거짓말은 마법적 사고와 같은 맥락에 있다. "하나도 안 아프거든요!" "난 ~할 건데." "엄마, 정말 어떻게 된 거 아니에요!" "그렇잖아도 내가 막 하려고 했거든요." 같은 말들을 예로 들 수 있겠다.
- "내가 먼저 말했거든!": 그는 당신의 허를 찌르기 위해 당신이 한번 따끔하게 하려고 했던 말을 가로챌 것이다. 방귀 뀐 놈이 성낸다고,

자기가 사기를 치면서 남을 사기꾼이라고 하고 자기가 거짓말을 하면서 남을 거짓말쟁이라고 하고 사람들을 쥐락펴락하면서 남을 조종자로 몰아갈 것이다. 사람들은, 순진하게도 '저렇게까지 흥분해서 목소리를 높이는 사람이 설마 똑같은 짓을 하겠는가.'라고 생각한다. 따라서 그가 자신의 약점을 감추기 위해 주위 사람들을 비난한다는 것을 깨달아야 한다. "남 말 하고 있네!" 그의 투사 기제가 원시적이니만큼 당신은 금세 맞받아칠 수 있을 것이다.

- "말했잖아, 말해 놓고 왜 그러는데?": 그는 당신이 깊이 생각하지 않고 약속을 내뱉게끔, 당신이 심한 말을 하거나 의도치 않은 행동을 하게끔 궁지로 몰아간다. 그래 놓고서는 그 일을 빌미로 자신의 주장을 정당화한다. 그의 목표는 당신을 함정에 빠뜨리는 것뿐이다.

- "우! 창피해라!": 모욕하고, 웃음거리로 삼고, 더럽히고, 얕잡아보는 것이 그에겐 특별한 즐거움이다. 그의 놀림은 어리석고 짓궂고 더러 불쾌하기 짝이 없다. 못된 꼬맹이들이 쩔쩔매는 친구를 보고 좋아하듯 당신의 불행은 그의 안줏거리가 될 것이다!

이제 여러분은 심리 조종자가 하는 말의 수준을 정확히 짐작할 수 있다. 공허한 말, 변죽만 울리는 말, 유치한 말, 빤한 거짓말, 경솔한 위협…. 논리, 상식, 일관성이 결여된 말을 어떻게든 이해하려고 애쓰다 보면 머리가 아프고 정신이 혼미해진다. 심리 조종자가 하는 말은 단 한마디도 진지하게 들을 필요가 없다. 말은 그에게 상처를 입히거나 조작을 가하는 무기일 뿐이다.

못되고 잔인하고 매정하다?

이건 완벽한 사실이다. 그러나 정신적 지배의 피해자나 일부 심리 치료사들조차도 심리 조종자가 긍정적 감정이나 감정이입을 할 수 없다고는 보지 않는다. 그래서 그의 병적 소유욕이 사랑으로 오해받거나 다른 사람의 고통에 냉혹한 태도와 고의적인 악의가 그저 인간관계에 서툰 모습 정도로 용인된다. 그러나 철두철미하게 악행을 저지르는 완전한 악인은 세상에 없다고 생각하는 순진한 천사표들이야말로 심리 조종자에게 설 자리를 마련해 준다. 심리 조종자는 애정과 호의를 계산하여 미끼로 삼을 줄 알기 때문이다.

자기중심주의가 곧 이기주의는 아니다. 이타적인 겉모습을 지닌 심리 조종자도 있다. 그는 다른 사람에게 베푸는 온갖 종류의 자선을 바탕으로 힘을 행사하면서 부처님 가운데 토막, 가족에게 헌신하는 착한 남편, 희생적인 어머니라는 평판을 얻는다.

갚아야 할 빚이 있다고 생각하면 떠나기 어렵다. 다시 말해, 결별이 불가능하다. 심리 조종자는 이런 식으로 주위를 종속시킨다. 그가 항상 늘어놓는 자기선전은 체계를 더욱 공고히 닫아 버린다. 그는 하루에도 열 번씩 천국을 약속한다! 그러니 그보다 더 선하고 관대하고 헌신적인 사람이 되도록 노력해라! 그가 당신을 위해 한 모든 일을 기억하면서. 하지만 당신이 "누가 도와 달라고 했어? 자기가 원해서 한 일이잖아."

라고 한마디 하면 천사는 순식간에 분통을 터뜨릴 것이다.

그가 뭔가를 공짜로 주는 법은 없다. 그는 항상 대가를 기대한다. 파트리시아의 남편 브뤼노가 그랬던 것처럼 필요할 때에만 다정한 손짓을 보이는 것이다. 당신의 비위를 살랑살랑 맞추면서도 속으로는 그런 데에 마음이 움직이는 당신을 경멸한다.

다른 사람의 사회적 태도를 심리 조종자는 사회적으로 받아들여지기 위한 흉내로만 본다. 교회나 사원에 간 불신자들이 신자들을 경멸하면서도 '꾸민 태도'로 따라 하며 종교적 의미는 전혀 생각하지 않는 것처럼. 그는 친절을 끈끈하게 들러붙는 마시멜로처럼 혐오한다! 또 모두가 특별한 마음이 되는 순간, 크리스마스, 새해 첫날, 생일과 기념일을 싫어하고 사람들이 애정과 기쁨을 공유할 때 꼭 초를 친다. 친구나 가족 모임에서 참석자들이 사람 사는 정에 흠뻑 취하려는 순간마다 심리 조종자가 어떤 식으로 산통을 깨는지에 대해 참으로 많은 얘기를 들었다.

열네 살 소녀 쥘리는 자기네 집에서는 크리스마스 파티를 하지 않은 지 오래됐다고 털어놓았다. 쥘리와 그녀의 오빠가 더 어렸을 적에 아버지는 그들이 소란을 피웠다는 이유로 이후로 크리스마스를 챙기지 않겠노라 선언했다. 지젤의 어머니는 매년 어머니날마다 무슨 구실로든 반드시 신경 발작을 일으키고야 말았다. 가장 최근에는 자신이 상을 치우는 데 아무도 도와주지 않았다는 이유로 신경 발작을 일으켰다. 나탈리는 감정적이 되고 싶지 않다는 이유로 꼭 크리스마스 선물 교환 시간

전에 갑자기 피곤하다고 하면서 먼저 잠자리에 들었다. 필립은 새해 카운트다운을 세기 15분 전에 홀연히 사라졌다. 주위 사람들은 12시 종이 치는 순간 서로 얼싸안고 기뻐하기는커녕 필립이 어디 갔는지 찾으러 다녔다. 필립은 새벽 1시에 만취 상태로 나타났다! 제라르는 12월 31일 저녁을 꼼꼼하게 회계장부 정리하는 시간으로 정해 두었다.

심리 조종자는 감상과 정서를 우습게 여긴다. 자기는 구체적 현실 속에서 사는 것처럼, 자기만 현실을 직시할 수 있는 것처럼 굴며 걸핏하면 "나한텐 그런 거 안 통해!"라고 한다.

그는 감정을 경멸하기 때문에 모든 상황에서 정서적 요소를 부인한다. 그렇기 때문에 더없이 시커먼 속셈으로 고결하고 이타적인 행동까지 할 수 있는 것이다. 그들로서는 애정, 사랑, 상대를 기쁘게 하고픈 마음, 대가를 바라지 않는 친절은 생각조차 할 수 없다! 그가 보통 사람들의 행동에서 지나치게 단순하고 가증스러운 동기만 발견하는 이유가 바로 이것이다. 그래서 감정이 메마른 어떤 여자는 남자 친구가 근사한 여행에 데려가 주었는데도 '자기 혼자 가기 뭐하니까 그랬겠지.' 정도로만 생각하는 것이다.

심리 조종자의
또 다른 특징들

심리 조종자의 미성숙에서 또 다른 인격적 특징들도 비롯된다. 그들은 교육을 잘못 받은 아이처럼 법, 예의, 사회생활의 규칙, 안전 수칙을 준수하지 않음은 물론이고, 종종 위생, 질서, 청결에 대한 감각이 있는지조차 의심스러운 행동을 한다. 겉으로는 초탈한 듯 보이지만 대개는 아예 의식이 없다. 의식이 없으니 그의 행동이 얼마나 심각한 결과를 불러올 수 있는지 지적해도 성질만 부릴 뿐 깨닫지 못한다. 심리 조종자가 왜 자기는 법도 피할 수 있다는 듯 구는지, 왜 주위 사람들을 위험하게 만드는지, 왜 불쾌할 정도로 더러운 꼴을 하고도 민망해하지 않는지 어느 정도 이해도 가는 대목이다. 게다가 그는 '기브 앤드 테이크', '남성과 여성', '과거/현재/미래' 개념도 없다. 그래서 상당히 시사하는 바가 많은 행동을 하곤 한다.

기브 앤드 테이크

심리 조종자와 금전 문제　내 친구가 들려준 일화다.

그녀는 다섯 살배기 아들과 슈퍼마켓에 장을 보러 갔다. 아이는 사탕을 사 달라고 졸랐다. 그녀는 사탕을 사 주지 않고 그렇게 먹고 싶으면 책상 서랍 속에 있는 네 돈으로 사 먹으라고 했다. 엄마로서 그 점을 분명히 했다. 지금은 엄마 돈으로 사 주지만 집에 돌아가자마자 서랍에 있는 돈을 사탕 값으로 다 내놓으라고 말이다. 아이는 그러겠다고 했다. 무슨 말인지 잘 알아듣고 동의한 것이다. 장을 보고 집에 돌아와서 그녀는 아이에게 사탕 값을 달라고 했다. 아이는 천사 같은 얼굴로 동전 세 닢을 내밀었다. 그녀는 아이의 애교에 넘어가지 않고 약속대로 서랍 속의 돈을 다 달라고 했다. 아이는 엄마가 넘어오지 않자 갑자기 서랍 속의 돈을 엄마 얼굴에 홱 던지고 울면서 "엄마, 미워! 왜 내 돈 다 가져가!"라고 했다. 아이는 약속을 지켜야 한다는 개념은 없어도 금전 감각만큼은 이미 꽤나 발달해 있었던 모양이다!

심리 조종자도 마찬가지다. 그에게 빌려 간 돈을 내놓으라고 강하게 말해 보라. 그는 수전노처럼 당신은 도둑이라는 둥, 당신이 자기를 죽이려 한다는 둥 소리를 질러 댈 것이다. 심리 조종자 남편과 이혼하고 자녀 양육비를 받아 내느라 고생해 본 여자들은 알 것이다. 그리고 안타깝게도 그런 여자들이 대부분 위협에 나가떨어진다.

심리 조종자의 욕심은 기가 막힐 정도로 거리낌이 없다. 그는 남의 주머니에서 돈이 나가게 만드는 재주가 있으며 다른 사람의 경제적 독립을 방해한다. 심리 조종자 남성들 중에는 아내를 집에 붙잡아 놓고 소외시키기 위해서 아내의 사회생활을 반대하는 경우도 많다. 반대로 재산을 많이 가진 여성이 남편에게 직장을 그만두게끔 압박하는 경우도 더러 보았다. 대외적으로는 공부를 계속하거나 예술 활동에 전념하게 하기 위해서라고 하지만, 나중에 가면 남자는 아내 혹은 처가에 빌붙어 사는 존재로 취급당한다. 이 경우 남자는 여자보다 한층 더 굴욕적인 기분을 느끼게 된다.

이처럼 심리 조종자는 경제권을 독점하거나 돈을 야금야금 빼먹는 수법으로 상대를 인위적 빈곤 상태에 몰아넣는다. 심리 조종의 피해자는 이러한 생활에 진이 빠지지만, 정작 그 상태에서 벗어나려고 하면 난관이 이만저만하지 않다. 하지만 금전 문제가 아니라 순전히 에너지 차원으로 따져도 마찬가지 아닐까?

나에게 상담을 받았던 모드의 사연을 보자.

모드는 자신이 살림을 야무지게 해내지 못한다고 자책했다. 하지만 그녀의 현재 상황을 살펴보면 분명히 그렇지 않았다. 모드는 파트타임으로 일하면서 딸들을 키우고 있었다. 자기 사업에 바빠서 바깥일 외에는 전혀 신경 쓰지 않는 남편의 요구에 따라 그녀가 집안을 전적으로 건사했다.

그런데 남편은 사업으로 꽤 큰 수입을 올리고 있었음에도 말도 안 되는 형평성의 원칙을 내세워 생활비를 딱 절반만 내놓았다. 모드는 남편 수입의 6분의 1밖에 벌지 못하고 4인 가족 생활비와 주택대출상환금의 절반을 부담하면서도 남자들은 잘 모르는 부수적 지출 아이들 급식비, 옷, 구두, 발레 학원비, 수시로 들어가는 간식비 등 때문에 매달 적자가 나는 거라고 착각하고 있었다.

모드가 고질적인 적자를 해결해 보려고 금전적 도움을 요청하면 남편은 그녀가 씀씀이가 헤프고 살림을 못해서 그런 거라며, 누구 파산시킬 일 있느냐고 호통을 쳤다. 모드가 허리띠를 졸라매고 집값의 절반을 힘겹게 갚아 가는 동안 남편은 저축을 잔뜩 해 놓고서 자기는 돈 관리를 잘한다고 떵떵거린 것이었다.

심리 조종자가 상대를 금전적으로 몹시 곤궁하게 만드는 사례는 이 밖에도 아주 많다.

소피의 어머니는 딸이 너무 피곤하고 안돼 보인다면서 일주일간 해수(海水) 치료를 받으러 가라고 했다. "우리 딸 휴가 비용은 엄마가 지원해 주마. 마음 푹 놓고 가서 쉬다 와! 일단 네가 계약을 해 놓으면 엄마가 나중에 돈을 줄게." 그녀는 이렇게 따뜻하게 말했다. 하지만 소피가 대금을 지불하고 나자 어머니는 이 일을 까맣게 '잊어버리고' 소피가 돈 이야기를 꺼내려 할 때마다 교묘하게 화제를 돌렸다. 자기가 쓴 돈이었기에 강하게 요구하기도 어려웠던 소피는 결국 어머니에게 돈 받기를 포기했다.

피에르는 엘리사벳을 고급 부티크에 데려가서 아주 비싸지만 그녀에게 잘 어울리는 외투를 권했다. 여자 친구에게 그 정도 선물은 할 수 있다는 듯 다정하게 "사고 싶으면 사."라고 말했다. 하지만 계산대로 향하면서부터 자기와는 상관없는 일이라는 듯 무심하고 냉랭한 태도를 취하며 눈에 띄게 멀찍이 거리를 두었다. 허를 찔린 엘리사벳은 자신의 카드를 내밀 수밖에 없었고, 결국 자신의 소득 수준으로는 감당하기 힘든 옷을 떠밀리듯 사고 말았다.

미셸의 집에서 동거하게 된 나탈리는 전 여자 친구가 사용하거나 건드렸던 세간과 물건을 볼 때마다 수시로 질투심을 불태우며 종내에는 살림을 전부 새것으로 교체하게 했다. 미셸의 지출이 장난 아니었을 것이다!

이처럼 심리 조종자들의 탐욕이나 남의 돈 우려먹기는 그들의 기브 앤드 테이크에 심각한 문제가 있다는 분명한 신호일 뿐이다. 그들은 마음에서 우러나는 감사도, 진정한 관대함도 불가능한 인간들이다!

심리 조종자의 연애   심리 조종자는 사랑을 받아 내야 할 빚처럼 생각할 뿐 결코 사랑을 돌려줄 줄은 모른다. 사랑한다고 말하고 공개적으로 인정하면 끝이요, 사랑을 행동으로 증명할 필요는 없다고 생각한다.

심리 조종자는 평생을 심통 난 응석받이 아이처럼 상대가 자신을 지켜 주고 뭐든 허용해 주기를 바란다. 귀염 받는 아이 같은 기분으로 살기 원한다. 그렇다 보니 그 배우자는 그 변덕을 다 받아 줘야 한다. 부부 사이에는 뭐든지 다 허용되어야 한다는 것이 심리 조종자의 주장이다. 피터 팬 같은 남자는 웬디 같은 아내를 기대한다. 요컨대 아내는 항상 모성애가 넘치고 다정하고 자신을 잘 챙겨 주고 마음을 헤아려 줘야한다.

한편 심리 조종자 아내도 정말로 골치 아프다. 까다롭고 변덕이 죽끓듯 하며 자신을 여왕처럼 모시고 살기 원한다. 우리 사회에는 여성의 심리 조종을 은근히 조장하는 면이 있다. 자신을 온전히 책임지지 못하는 민폐형 여성, 감정적으로나 경제적으로나 의존적인 여성을 귀엽게 봐준다고나 할까. 연약한 척, 섬세한 척하는 다분히 여성적인 술수가 여전히 남성의 에고를 기분 좋게 하는 면이 있기 때문이다.

심리 조종자들은 애증이 심하기 때문에 어쩌다 그들을 사랑하게 된 사람들의 애정에도 냉담하게 군다. 무의식적으로 다른 사람의 사랑과 동의를 얻을 수 있는 행동을 취하지만, 그렇기 때문에 가학적이고 잔인한 면이 두드러지는 정반대의 결과가 나오기도 한다. 심리 조종자는 연애 과정에서 상대를 미워하고, 더럽히고, 도움을 구걸하고, 자율성을 거부한다. 자, 그렇다면 그가 심성이 못됐다고 할 수 있을까? 물론이다. 그는 잔인한 어린아이 단계에 고착되어 있기에 기본적으로 가학 성향이 있다.

심리 조종자의 성관계　심리 조종자는 성적 행동방식도 어린아이 같은 면이 있어서 매우 충동적이고 따뜻한 배려가 부족하며 육체적 충동을 채우는 데 급급하다. 성행위에 있어서도 이 사람이 정말 다 자란 성인이 맞을까 싶을 정도로 항문기에 가까운 가학 성향이 농후할 수 있다.

미성숙이 어린 나이에 이미 고착되어 버렸기 때문에 남성성과 여성성에 대한 명확한 구분이 서지 않아서 성 정체성이 모호한 경우도 있다. 이런 경우 심리 조종자는 남성인데도 매우 여성적이든가, 반대로 여성인데도 남성성이 두드러지는 인물일지도 모른다. 하지만 그는 억압된 잠재적 동성애자이면서도 호모포비아에 가까운 반응을 보이며 그 사실을 강경하게 부인한다. 극단적으로는 털이나 젖가슴 같은 성적 특성이 완연하게 드러난 성인의 몸과 체취를 감당하지 못하는 데다 순수하고 신성하고 무고한 것을 더럽히고 파괴하고픈 욕구가 있기 때문에 소아성애자가 될 수도 있다.

심리 조종자가 쉴 새 없이 열렬하게 연애를 추구하는 경우는 드물지 않다. 그들의 낭만주의는 자기가 얼마나 연애를 잘하는지("이번 달만 벌써 세 번째 남자야!"), 투자 대비 얼마나 재미를 보았는지로("커피 한 잔에 밥 두 번 사 주니까 바로 안기던데.") 표현된다. 심지어 그들은 '연쇄 연애꾼'(serial lover)이 되려고 작정했는지도 모른다. "난 이제 이름이 'ㅎ'으로 시작하는 사람만 사귀면 돼." "이제 쌍둥이자리랑 사수자리 남자만 사귀어 보면 모든 별자리 석권이야."

그들의 성적 흥분은 너무 압도적이든가, 아예 차단되든가 둘 중 하나다. 적당한 수준으로 관리되지 않는다. 어쨌거나 커플 사이에서 섹스는 주요한 권력의 쟁점이다. 심리 조종자는 배우자가 섹스를 원할 때에는 무안을 주고, 배우자가 섹스를 할 여력이 없을 때에는 꼭 관계를 강요한다. 또 심리 조종자 남성들 중에는 조루가 많다. 심리 조종자 남편을 둔 아내가 자주 토로하는 불만 중 하나가 '남편이 자신과의 섹스보다 자위행위를 대놓고 선호한다'는 것이다.

신체적 매력이 뛰어난 심리 조종자 여성은 매우 상반된 두 가지 태도를 취할 수 있다. 어떤 여성은 자기가 유혹을 하면서도 배우자에게 섹스를 심하게는 몇 년 동안이나 허락하지 않고, 남편이 다소 강압적으로 나올라치면 '부부 강간'이라도 당하는 듯 난리를 친다. 에릭 번(Eric Berne)의 『심리 게임(Games People Play: The Basic Handbook of Transactional Analysis)』에는 이러한 태도가 잘 묘사되어 있다. 또 어떤 여성은 섹스를 '지배의 무기'로 삼는다. 이런 여성은 남성에게 잠자리 기술을 상당히 인정받는 편이고, 남성은 약물중독에 빠지듯 말 그대로 이 여성과의 섹스에 빠져든다. 남성은 이러한 관계에서 벗어난 후에야 비로소 자신이 그토록 환장했던 섹스에 위험하고 병적인 측면이 있었음을 깨닫는다.

어떤 여자는 수시로 자신의 가슴 얘기를 하고 오만 가지 구실로 가슴을 노출하거나 자기 손으로 만지작거린다. 또 어떤 여자는 옷장 하나를 야한 속옷으로만 가득 채워 놓고 산다. 자신이 옛날에 경험했던 섹스나 최근의 성생활을 적나라하게 까발리기 좋아하는 여자도 있다. 어찌나 상세하게 묘사하는지, 파격적이고 자극적이어서 현재의 남자 친구는 그 이미지를 떨치지 못하고 질투에 사로잡혀 성행위를 제대로 못하게 될 수도 있다.

심리 조종자는 평범한 섹스에 좀체 만족하지 못하기도 하고 자신이 지배하는 상대에게 굴욕감을 주면서 복종심을 테스트하기 위해 과도하거나 난잡한 성행위를 요구하곤 한다. 여기서 잠시 분명히 해 두자. 성인들끼리 상대에게 신체적, 정신적 피해를 주지 않고 서로의 합의하에 하는 성행위는 어떤 것도 금기시되지 않는다. 하지만 심리 조종자는 상대가 거부하는 행위일수록 강박적으로 집착한다. 사실 그는 상대가 싫어한다는 이유로, 전혀 무해하지 않고 무난한 섹스만 고집할 수도 있다.

한 아내는 남편에게 몇 달을 시달리다가 할 수 없이 스와핑 파티에 끌려 나갔다. 거기에 나가기까지 몇 달간 아내는 별의별 소리를 다 들었다. 그녀에게 문제가 있다. 불감증이 틀림없다, 진짜 여자라고 할 수도 없다, 남편을 사랑하지 않는다, 남편이 욕구불만에 빠지기를 바란다….

스와핑 파티에 다녀온 그녀는 결과적으로 자신이 더럽혀지고 모욕당한 기분만 들었다. 그게 바로 남편의 노림수였다. 바로 다음 날부터 남편은 스와핑 파티 얘기는 꺼내는 것도 싫어했다. 아무 일도 없었다는 듯이 태도가 돌변한 것이다.

시간에 대한 태도

기브 앤드 테이크, 남성과 여성이라는 심리적 축들이 심리 조종자에게는 불안정하게 내재한다. 시간에 대한 태도도 마찬가지다. 그에게는 과거, 현재, 미래 개념이 제대로 정립되어 있지 않다. 심리 조종자는 죽음을 극도로 두려워하기에 시간을 '영원히 새롭게 시작되는 하루'로밖에 생각하지 않는다. 그의 하루는 자질구레한 의식들로 꽉 짜여 있다. 여기에 뭔가 차질이 생겨서 시간의 흐름이 구체적으로 감지되는 상황을 그는 질색한다. 그렇지만 이 연속적인 현재 속에서 그들 자신은 아주 자주 프로그램의 미세한 변화를 추구한다. 그 이유는 그가 순간을 살며 충동적이고 생각 없이 살기 때문이기도 하고, 자기 본위의 변화에 주위 사람들이 얼마나 따라 주는지 확인하기 위해서이기도 하다.

쥘리앵과 아멜리는 토요일에 항상 대형 마트로 장을 보러 갔다. 그런데 갑자기 쥘리앵이 하이파이 오디오세트를 보고 가자고 했다. 아멜리는 자기는 그럴 시간이 없다고 했다. 그러자 쥘리앵은 오기를 부리며 앞뒤 꽉 막힌 태도로 나왔다. 지금 당장, 아멜리와 함께, 바로 여기서 하이파이 오디오세트를 봐야겠다고 고집을 부렸다. 아멜리는 가기 싫다고는 했지만, 자기가 장을 보는 동안 쥘리앵 혼자 오디오를 구경하고 와도 좋다고 한 발짝 양보했다.

그로부터 두 시간 뒤 마트에서 안내 방송까지 몇 번 내보냈는데도 쥘리앵이 나타나지 않았다. 그러다 어디선가 홀연히 나타나서는 자기는 딴 데 가지 않았다고, 오히려 자기가 아멜리를 찾아다녔다고 역정을 냈다. "안내 방송 못 들었어?" 쥘리앵은 전혀 못 들었단다. 남의 시간을 빼앗고 괜히 기다리게 만드는 것이야말로 심리 조종자의 주특기다. 게다가 아멜리의 경우는 상대의 변덕에 맞춰 주지 않았기 때문에 보복까지 당했다고 보아야 할 것이다.

심리 조종자는 가까운 사람의 죽음이나 중병 앞에서 마지막 순간까지 현실을 부인하고 서둘러 고인을 잊어버리려고 애쓴다. 말 그대로 TV 리모컨으로 채널을 돌리듯 그 상황을 벗어나려는 것이다. 어떤 남편은 장모의 장례를 마치고 돌아오는 차 안에서 계속 흐느껴 우는 아내에게 "당신, 왜 계속 죽을상을 하고 있어?"라고 했단다. 그렇다. 심리 조종자에게는 정말로 사람 같지 않은 면이 있다.

심리 조종자는 죽음과 질병이 자기에게 미치지 않는다는 사실을 확인하고 싶은 듯 이런저런 가치판단을 하곤 한다. "그 친구는 담배를 너무 많이 피웠지." "걔가 길 건너면서 좌우를 잘 살피기만 했어도!" 그런 말을 하는 그에게선 마치 죽음을 제압했다는 듯 의기양양하고 즐거운 기색이 느껴진다.

그는 마법적 사고와 더불어 뭐든지 할 수 있다는 어린아이 같은 믿음으로 자신은 천년만년 살 것처럼 생각한다. 심지어 자기보다 자식이 먼저 죽을지도 모른다는 환상을 항상 품고 있다. 이따금 자기 아이가 죽을지도 모른다는 얘기를 아무렇지도 않게 하는 모습을 보면 등골이 오싹할 정도다. "네가 혹시 비행기를 타고 미국에 가다가 죽으면 국가에서 사고 현장까지는 공짜로 데려다주겠지!" 프레데릭은 어머니가 이런 말을 아무렇지도 않게 할 때마다 불편한 마음을 참을 수가 없었다. 그 어머니는 비행기 사고 이야기가 나오자, 그 끔찍한 참사를 자연스럽게 아들의 해외여행과 결부해 그렇게 말한 것이었다.

심리 조종자가 자식이나 가까운 이의 죽음을 수시로 떠올리는 이유는 그에게 그러한 환상이 있기 때문이다. 우리는 여기서 다시 한 번 '위험을 방관하거나 조장하는' 행동방식을 볼 수 있다. 그것은 사실상 의식적이지 않은 살인 충동이다. 우리가 그들의 험악한 눈빛에서 읽어 낼 수 있는 것 또한 살인 충동이다.

심리 조종자는 윗대는 꼰대 취급하고 자기 세대는 이런저런 꼬투리를 잡아 깎아내리며 자녀 세대에 대해서는 세대 차이를 부정한다. 이러한 태도는 아이가 어릴 때에도 바람직하지 않지만 아이가 성인이 된 후에도 성가신 문제를 낳는다. 우선 아이가 어릴 때에는 어린이의 특수성을 부정하고 자연스러운 학습과 성숙의 여지를 남기지 않는다. 심리 조종자 부모는 아이가 아직 어리고 취약하며 보호받을 필요가 있다는 것을 인정하지 않고 심하게 학대한다. 우월감을 느끼기 위해 상대를 짓밟고 눌러야만 하는 성질머리를 아이가 고스란히 감당해야 하는데도, 정작 처벌의 사각지대에 있는 경우가 많다.

심리 조종자 부모는 자신의 우위를 확인하기 위해서 시도 때도 없이 (공개적인 자리는 빼고) 아이와 기 싸움을 한다. 아이를 놀리고, 아는 것이 없다고 무시하고, 흠을 보고, 아이의 자연스러운 기쁨과 애정과 호기심을 곱게 보지 않는다. 나에게 상담을 받는 사람들 중에서도 심리 조종자 부모 밑에서 자란 이들은 자기가 정말로 원하는 것, 관심, 호기심 등을 표현하지 않는 것은 물론이고, 부모의 파괴적 욕구를 자극하지 않으려고 그 어떤 것도 바라지 않는 법을 체득했다.

이처럼 '시간에 대한 태도'가 불안정하기 때문에 심리 조종자는 늘 긴급하고 늘 무슨 비극이 벌어질까 두렵다. 또 그가 항상 늦는 이유는 남을 기다리게 만들기 위해서이기도 하지만 자기가 두려워하는 상황을 가급적 늦게 대면하고 싶어서이기도 하다. 반대로 우리가 그를 기다리게 했다가는 한바탕 난리가 난다. 그는 가장 기본적인 인내심조차 습득하지 못한 족속이기 때문이다.

심리 조종자도 모르는 자신의 마음

감정이입? 웃기시네!

심리 조종자는 당신 마음을 다 안다고 말하지만, 그의 감정이입과 공감 능력은 한없이 제로에 가깝다. 부분적으로는 그가 워낙 미성숙해서 인간을 사물처럼, 아무 감정 없는 장난감처럼 여기기 때문이고, 또 부분적으로는 그의 어린애 같은 자기중심주의 때문이기도 하다. 영화감독 마르셀 파뇰은 그의 작품 〈마르셀의 여름〉에서 어린 시절의 추억을 떠올리며 자신이 형과 함께했던 잔인한 곤충 실험을 떠올린다. 그는 사마귀를 개미 떼에게 던져 주거나 매미 꽁무니에 밀짚을 찔러 넣으며 아무 거리낌 없이 즐거워했다. 심리 조종자도 이런 식으로 자신이 괴롭히는 사람들의 감정 따위는 전혀 궁금해하지 않는다. 사람을 사물이나 곤충 정도로밖에 여기지 않기 때문이다.

심리 조종자는 예측하지 못했던 고통스러운 상황, 감정적인 상황에 심하게 불안해한다. 그래서 현실을 외면하거나 도망치기 때문에 결과적으로 더욱 가증스럽고 차가운 태도를 취하게 된다. 아이를 낳은 지

얼마 안 된 도로테의 경우가 그랬다.

도로테가 처음 진통을 느꼈을 때에 남편은 출장 중이었다. 초산이었기 때문에 도로테는 불안했다. 그래서 친정 엄마에게 전화를 걸었다. 하지만 엄마는 바쁜데 왜 부르냐는 듯 냉담하게 굴었다. '미용실에 예약을 해 두었기 때문에' 도로테를 병원에 데려다줄 수 없으니 택시를 타고 가라고 말하고는 전화를 끊었다. 그러고는 도로테가 아이를 낳은 지 사흘 뒤 아무 일도 없었다는 듯이 천연덕스럽게 병원에 나타났다.

다른 사람의 고통이 심리 조종자에게는 상처를 줄 수 있는 하나의 기회처럼 여겨지기도 한다. 그래서 아버지가 돌아가셨다고 슬퍼하는 남편에게 "내가 미리 말해 두는데, 어쨌든 우리 부모는 아니니까 나한테 장례비 같이 내자는 말은 하지 말아요!" 따위의 말을 상중에 내뱉을 수도 있는 것이다.

심리 조종자가 유일하게 느낄 수 있는 연민은 자기중심적인 것이다. 힘든 일이 있을 때면 자기애의 탄식이 늘어난다. "네가 너무 걱정되어서 밤에 잠이 안 오더라!" "네가 힘들어하는 모습을 보면서 내 마음이 얼마나 안 좋았는지!"

장례식에 가서는 자신이 유족인 양 처연한 표정과 통곡으로 사람들의 시선을 모으고 연민을 자아내는 사람이 바로 심리 조종자다. 그의 훌쩍거림은 상황에 어울리지 않다 못해 민망할 정도다.

디디에는 자기 고모가 암으로 죽어가는 남편 옆에 앉아서 살을 파고 들며 자라는 손톱 얘기로 손님들의 주의를 독차지한 일을 떠올렸다. 고모는 암환자 옆에서 손톱 때문에 못살겠다고 호들갑을 떨었다! 그런데 심리 조종자들에겐 이게 당연한 일이다. 그들은 자기 아픈 것밖에 모르고 남들은 다 엄살을 떨거나 원래 약하게 생겨 먹어서 그런 줄 안다. 누군가 힘들어하면 그건 다 그 자신의 탓이다.

요컨대 심리 조종자에겐 공감이나 연민을 기대하면 안 된다. 심리 조종의 피해자들은 종종 자기가 얼마나 힘든지 가해자에게 이해시켜서 사태를 해결해 보겠다는 헛된 희망을 품고는 한다. 하지만 심리 조종자는 이러한 불만 앞에서 무감각하고 고통을 보아도 꿈쩍하지 않는다. 참다 참다 울음을 터뜨리는 사람에게 그들이 던지는 혐오와 멸시 가득한 눈빛은 참으로 시사하는 바가 많다!

그들의 감정관리법

심리 조종자들이 긍정적 감정을 모르고 행복, 기쁨, 애정을 믿지도 않는다면 도대체 그들의 감정은 뭔가? 글쎄, 그들은 자신의 진정한 감정과 맞닿아 있지 않다고 해야 할 것이다. 그들은 감정을 말로 규명하지 못하며 그저 피해야 하는 거북한 것으로만 여긴다. 그래서 남들이 자유롭게 감정을 표현하면 괜히 어색해하고 그러한 감정의 진실성을 부인하거나 짓궂게 놀려 먹는다.

그들은 가상적이고 자신과 동떨어진 감정만 절실하게 느낄 수 있다.

감정을 안전하게, 대리로 느끼기 위해서는 상당한 거리가 필요하기 때문이다. 그래서 심리 어디까지나 거리를 두고 있는 관객으로서의 심리 조종자는 나쁘지 않다. 영화나 시사 문제에 마음이 움직이곤 하지만 그 상황을 자신의 일상에 겹쳐서 보지는 않는다. 그렇다 보니 대외적으로 관대한 사람처럼 보일 수도 있다. 또 그 자리에 없는 사람을 크게 칭찬하기도 한다. 가급적이면 그러한 칭찬을 마땅히 받을 만한 다른 사람을 앞에 두고서. 당신과 비슷한 형편에 있는 사람을 동정하는 발언을 하기도 하지만 정작 당신의 사정은 봐주지 않는다. 자식을 상습적으로 때리는 부모가 자기가 한 짓은 조금도 돌아보지 않으면서 아동학대에 대한 다큐멘터리를 볼 때는 눈물, 콧물 다 흘리는 아이러니한 상황도 종종 있다.

즐거움, 불만, 분노 심리 조종자가 감정이라는 명목으로 표출하는 것은 부자연스러운 유쾌함, 자기연민, 분노로 요약된다. 그다음에는 아무 감정 없는 중립 상태가 된다. 벅찬 감정으로 떠올리는 추억 따위는 없다. 즐거워하고 흥분하며 만족한 듯 보일지라도 그 유쾌함은 인위적이고, 그들의 웃음은 바보 같거나 히스테리컬하며 그들의 농담은 부적절하고 천박하다.

그에게 스트레스나 불만을 견디는 능력은 거의 없다고 보면 된다. 물론 불만은 외부에서 비롯되는 듯 보인다. 시끄러워도 안 되고, 냄새가 나도 안 되고, 방해가 있어도 안 되고, 불편한 것도 안 된다. 더위, 추위,

배고픔, 갈증은 최대한 빨리 사라져야 하며 어떻게 사라지게 됐는지 그 과정은 별로 알 필요가 없다. 내적인 불만은 더 크다. 그들은 공허감, 결핍, 뭐라고 꼬집어 말할 수 없는 불만을 느끼기 때문에 항상 극심한 좌절 상태에 있다. 그들이 항상 스트레스와 분노에 찌든 사람처럼 보이는 이유가 여기에 있다.

심리 조종자는 요구가 많고 모든 것을 지금 당장 원한다. 자기가 남들보다 좋은 대우를 받아야 한다는 확신에 차 있지만, 자신에게 부족한 것이 무엇인지 딱 꼬집어 알지도 못한다. 그래서 자신은 박복하다고, 팔자가 사납다고, 남들에게 피해만 보고 산다고 불평한다. 그들의 좌절은 불평으로 쏟아져 나오지 않으면 분노로 표출된다.

심리 조종자는 자기애에 상처를 입을 때 빼고는 거의 모든 것에 차츰 무감각해진다. 그들의 자신감은 형편없는 자존감을 감춘 번지르르한 외벽에 지나지 않는다. 그래서 그들은 늘 자기 이미지 관리에 바쁘다. 그들은 남들이 약점을 숨기고 산다고 흉보면서도 정작 자신은 자기 자신을 납득하기 위해 듣기 좋은 말만 골라서 듣는다. 흠잡을 데 없어야 하고 체면을 구기는 일은 절대 사절이다. 그들이 무슨 짓을 하고 있는지 현실을 제대로 보라고 말하는 사람은, 그들에게 잠재적으로 항상 깔려 있는 분노를 고스란히 받아내야 할 것이다. 심리 조종자의 주위 사람들은 늘 그의 심기를 거스를까 봐 걱정이다! 그런데도 당신이 그가 부인하는 걸 묵살하고 그의 부족한 점을 강하게 지적한다면 원한을 사서 두고두고 복수를 당하게 될 것이다!

시기와 질투   자기중심적이고 소유욕이 강한 심리 조종자들은 팔방미인을 미워하며 당신이 순수한 우정에서라도 그가 아닌 다른 사람에게 눈을 돌리는 꼴은 못 본다. 게다가 그들은 관심 없는 척, 무딘 척, 초탈한 척하면서 열정적으로 살아갈 줄 아는 사람들을 시기한다.

심리 조종자들은 자기가 대단히 예외적인 사람인 줄 안다. 그래서 자신을 특별한 위치에 올려놓고 모두에게 적용되는 법칙을 무시하면서도 자신에 대한 도전은 용납지 않는다. 그뿐 아니라 자신의 행동과 그 결과를 연결해 생각지 않고, 남이 어려운 공부, 피로, 인내심, 희생, 그만큼의 업무량을 통해 일궈 낸 성과를 자기도 응당 누릴 수 있다고 착각한다. 자기가 원하기만 하면 뭐든지 된다고 믿을 뿐, 다른 사람들이 그 정도 성공을 거두기까지 어떤 노력을 하고 어떤 대가를 치렀는지는 고려하지 않는다. 자신이 모델로 삼은 사람의 겉모습에만 치중할 뿐, 내면을 중요시하지 않기 때문이다.

이 셈 많은 인간들 눈에는 눈에 확 띄는 성과가 전부다. 그래서 심리 조종자들은 꽤나 성공한 축에 들고 나서도 남들 잘되는 꼴을 못 본다. 극단적인 경우에는 질투가 아예 강박관념이 되어 남의 성공에 초를 치는 심보로 나타날 수도 있다.

불안과 고독   심리 조종자는 자신의 진실한 감정에 맞닿아 있지 않기 때문에 자기 안에 슬픔이나 두려움이 존재한다는 것도 모른다. 수치심이나 죄의식도 없지만 순수한 즐거움이 무엇인지, 온몸으로 살아 있다는 것이 무엇인지도 잘 모른다.

감정에 솔직하지 못한 사람들이 으레 그렇듯 그는 늘 불안하다. 인생이라는 게임의 규칙을 잘 모르겠다는 기분 때문에, 끊임없이 속여야만 살아남을 수 있다는 생각 때문에 그렇다. 마법적 사고에도 한계는 있다! 하루에도 열 번씩 현실은 그의 부정에 부딪히며 그가 진짜 삶에서 비켜나 있음을 상기시킨다. 자기가 불행을 자초하고 있다는 생각은 못 하고 세상이 기회만 있으면 자기를 속이고 배신한다고 탄식한다.

그의 분노는 상대를 통제할 수 없다는 사실이 불러일으키는 두려움에 정비례한다. 그래서 사소한 반발도 진압해야만 직성이 풀린다. 일단 통제할 수 없게 된 반발은 처벌이 먹히지 않을 만큼 위험하기 때문이다. 또 다른 이유는, 불안한 사람일수록 마음을 다스리는 의식을 필요로 하기 때문이다. 심리 조종자 역시 불안도가 높을수록 자질구레한 의식들에 매여 산다. 그러한 의식들은 너무나 잡다하면서도 경직되어 있기에 균형이나 우선순위에 대한 감각을 마비시킨다. 그의 저녁 식사를 10분만 늦추어 보라. 한바탕 난리가 날 것이다. 그는 별것 아닌 일로 분노발작을 일으키면서 정말로 중요한 문제 앞에서는 반응이 없다.

어른은 두렵고 아이는 질투하고 윗대는 멸시하는 심리 조종자는 자기 또래와도 평화롭고 우정 어린 관계를 맺을 수 없다. 그렇기 때문에 항상 속으로 고독하고, 더욱더 실존적 불안에 시달린다.

비겁한 자, 엉큼한 자, 위선자   심리 조종자는 더없이 저열하고 비겁한 짓을 거리낌 없이 저지를 수 있다. 공정하고 투명한 경쟁은 결코 받아들이지 않을 것이다.

반면에 당신의 동정심, 고지식함, 명예를 지키려는 마음을 이용해 자기는 아무 책임도 지지 않고 쏙 빠져나갈 것이다. 거의 모든 이야기에서 정의로운 기사는 못된 악당의 목숨만은 살려 주지만 악당은 기회가 엿보이자마자 기사를 배반하기 바쁘다. 영화를 보는 관객은 모두 다 '저 놈이 저럴 줄 알았어.'라고 생각하지만 영화 속 다른 인물들은 놀라 자빠진다.

상담하러 온 사람에게 심리 조종자의 악의 섞인 행동을 조심하라고 아무리 일러 주어도 소용이 없다. 모두들 나에게 "그런 사람은 아니에요!"라고 자신만만하게 대꾸한다. 그리고 얼마 후 다시 찾아와서는 '그런 사람' 맞더라며 분개한다.

변호사들도 비슷한 이야기를 들려줄 수 있으리라 확신한다. 그들은 귀에 못이 박히도록 말한다. "서면으로 요구하세요." "사본을 보관해 두세요." "중요한 자료는 자택에 두지 말고 아무도 모르게 가까운 사람 집에 맡기세요." "자물쇠를 바꾸세요." "편지는 등기로 보내세요." 그러나 대부분의 의뢰인은 이런 말을 새겨듣지 않고 방심했다가 상황이 한층 더 악화되고 난 뒤에야 정신을 차린다.

의식적인가, 무의식적인가 심리 조종자는 자기가 관심 없는 사람에게는 무관심하고 가증스럽게 굴며 일부러 거리를 둔다. 반대로 자신의

그물에 걸려들기 원하는 사람에게는 상대를 무장 해제시키는 다음과
같은 수완을 발휘한다.

- 천사 같은 얼굴: 자기가 한 못된 짓의 증거나 정황이 드러난 상황에
서도 세상에서 제일 순수한 사람인 척한다. 충격을 받았다는 듯 눈
물을 글썽이고 입술을 부들부들 떨면서 "내가 그런 일을 할 사람으
로 보여?"라고 반문한다. 그러면 당신은 애먼 사람을 잡은 게 아닌
가 하는 죄책감에 차마 "응, 그래 보여!"라고 대꾸할 수 없을 것이다.
- 조무래기 짓거리: 공격이 최선의 방어라는 것을 우리 모두는 잘 알
고 있다. 그들에게 많은 것을 또는 까다롭게 요구해 봤자 당신은 결
코 만족을 얻지 못할 것이다. 그뿐인가, 그들의 비난을 결코 피할 수
없다! 싸우기 좋아하는 성미에 악의까지 가세하면 대화의 여지는
남지 않는다.
- 착한 아이 노릇: 잘못을 지적당하면 유순하고 말 잘 듣는 양 단박
에 뉘우치는 기색을 보이고 시키는 대로 하겠다고 약속한다. 당신이
어떤 지적을 해도 수긍하고 동의한다. 하지만 속으로는 딴생각을
하고 있다. '그래, 네 멋대로 지껄여 봐라.' 그러고는 막바지에 가서
는 "저도 그러려고 했었어요!"라는 한마디로 때우는 것이다.

마지막으로, 그는 때에 따라 귀머거리, 바보, 장님이 될 수 있다.

귀머거리: "난 그런 말 못 들었어." "네가 아무 말도 안 했잖아." "그런 소리는 금시초문이야."

바보: "깜박 잊었어." "난 그런 일인 줄 모르고 그랬지."

장님: "난 못 봤는데?"

나는 종종 이런 질문을 받는다. "남의 심리를 조종하는 사람은 자기가 그렇다는 걸 의식하나요?" 이에 대한 답은 이렇다. "아주 의식적이진 않아도 당신이 생각하는 것 이상으로는 의식하고 있지요!"

어떤 심리 조종자는 자신의 행동거지를 명철하게 알고 있다. 가장 비열하고 냉소적인 부류다. '순진한' 이를 모두 속일 수 있는 이 능력을 발휘할 때 그는 짜릿한 희열마저 느낀다. 또 어떤 이는 누군가를 휘어잡는 그 순간에 일시적으로 안도감을 느끼지만 워낙 자기중심적이라서 일단 상대를 짓밟고 나면 더 이상 관심을 두지 않기도 한다. 그리고 심리 조종자의 상당수는 무의식적으로 남의 심리를 조종하는 행동을 한다. 세상 모두를 경계하기 때문에 조종 기술이 자동으로 작동하기에 이른 것이다. 그들은 반사적으로 자신을 방어하며 조건화된 행동을 한다. 하지만 자신의 행동을 얼마나 의식하느냐와 상관없이 사기꾼이 맞다. 우리에게 빌붙어 우리의 신뢰를 악용해서 살아가니까.

그가 달라질 수 있을까? 그 자신이 변화를 원치 않기 때문에 그럴 가능성은 희박하다. 이따금 베일이 찢어지듯 사태가 명확하게 드러나고 그가 자신에게 뭔가 문제가 있음을 깨닫는 순간도 있다. 하지만 그 후에는 다시 안개가 밀려온다. 그의 부정 메커니즘은 대체로 지나치게 강력하다.

상담을 통한 치료에 들어가면 심리 조종자는 미꾸라지처럼 요리조리 잘도 빠져나간다. 적대적이고 성마른 태도, 위협적이거나 폐쇄적인 태도를 보이며 심리치료사를 압박하기도 한다. 심리치료사를 조종할 수 있겠다 싶으면(실제로 이럴 수 있다.) 그는 유혹의 레퍼토리를 보이기 시작한다. "선생님, 선생님에게 치료를 받으면서 제가 얼마나 마음이 편해졌는지 몰라요!" 그는 '프로'도 너끈히 휘어잡을 수 있다는 기쁨에 취해 손바닥 뒤집듯 아첨과 위협을 반복한다. 심리치료사는 가짜 진전에 기뻐하고 가짜 재발을 유감스러워하며 그의 손바닥에서 놀아난다. 그가 심리치료사를 쥐락펴락하는 이 게임을 즐기는 동안은 치료가 계속될 것이다. 반면에 심리치료사를 구워삶을 수 없겠다 싶으면 그는 얼른 내뺀다. 나에게 치료를 받으러 왔다가 그런 식으로 도망친 사람도 몇 명 된다.

나 역시 어떤 심리 조종자의 모순을 깨닫기 전까지 그에게 속아 흔들린 경험이 있다. 심리 조종자는 대개 자신이 지배하는 상대가 자신의 손아귀를 빠져나가기 시작할 즈음에 그 상대의 담당 심리치료사를 찾아온다. 물론 이것은 심리치료사의 직업윤리를 고려하지 않은 행동이다. 그는 그 상대의 심리치료를 방해하기 위해서, 심리치료사의 신뢰를 어떻게든 망가뜨리기 위해서 찾아올 뿐이다.

내가 치료하는 내담자가 각성을 하기 시작하자 그의 심리 조종자가 나에게 접근했던 사례가 얼마나 많은지 모른다. 어떤 사람은 나의 비서를 압박했고 또 어떤 사람은 자기 신분을 속이고 상담 약속을 잡았다. 그중 한 남자는 내 사무실 문을 억지로 열고 들어와 자기 아내는 미쳤으니까 그녀의 말을 믿으면 안 된다고 소리쳤다. 하지만 정말로 아내가 미쳐서 심리치료를 받고 있다면 오히려 다행스러운 일 아닌가!

"심리 조종자가 의도적으로 그렇게 행동하는 건가요?"고 묻는 사람들이 나에게 기대하는 답은 이거다. "어머, 아니에요. 딱한 양반들이지요. 그들도 어쩔 수 없이 그러는 거예요!" 알고서 그러는 거라는 사실을 받아들이기가 힘드니까. 그래서 심리 조종자를 이해하고 용서할 구실을 미리부터 찾는 거다. 하지만 심리 조종자가 의식하고 아니고가 과연 그렇게 중요한가? 어차피 피해는 마찬가지다. 그들의 수작을 막아야 할 필요도 마찬가지다.

엄지동자로 변장한 식인귀 이제 아이로 살고 싶지는 않고 그렇다고 어른이 되고 싶지도 않은 이 골치 아픈 존재들을 가장 근접하게 그려 낸 초상이 '엄지동자로 변장한 식인귀'이다. 그들은 시간을 벗어난 공간에 화석화되어 있다.

대인관계와 감정에 서툰 그들은 무서우리만치 잔인하다. 인간의 미성숙과 그로 인한 참담한 결과를 은유적으로 그려 낸 동화가 꽤 많다. 피터 팬은 어른이 되기를 거부했기에 부모를 잃어버린 아이들이 모여 사는 가상의 나라에서 해적들과 싸우며 영원히 살았다. 『피노키오』에서 가장 기억에 남는 것은 거짓말을 할 때마다 길어지는 (남근을 상징하는 듯한) 코이지만, 이 외에도 미성숙한 인간을 경계하는 상징들이 숱하게 나타난다. 피노키오는 인생 학교에 가기를 거부했기 때문에 진짜 사내아이가 되지 못하고 목각 인형으로 남았다. 게다가 피노키오가 즉각적인 쾌락의 섬에 가기로 하자 당나귀로 변해 버린다. 헨젤과 그레텔은 생각 없이 과자 집을 마구 뜯어 먹었기 때문에 함정에 빠졌다. 『백설공주』에서 일곱 난쟁이는 유년기의 주요한 특징들을 상징한다. 백설공주는 낯선 이가 내민 사과를 생각 없이 냉큼 깨물었기 때문에 이 유년기의 특징들 속에 갇혀 버렸다. 하지만 추운 숲에서 길을 잃은 엄지동자 이야기만큼 인간의 미성숙을 요약적으로 보여 주는 동화는 없다. 다만, 이 엄지동자는 이야기 속 식인귀와 동일 인물이라는 사실을 염두에 두어야 한다.

02

당신한테
왜 그러는 걸까?

심리 조종자는 남의 심리를 조종해서 무슨 이익을 얻을까? 거창하게 생각할 것도 없다. 그는 그저 케케묵은 생존 본능에 갇혀 있을 뿐이다. 그는 겁먹은 어린 아이, 어른의 무서운 세상에서 길을 잃은 못된 아이다. 또 그는 모든 일이 자기 뜻대로 되지 않는 것 같은 기분을 느낀다. 바로 그렇기 때문에 불안도가 높고 피해망상이 심하며 사람이 단순하다.

그는 종종 남을 자신의 지배하에 두려고 애쓰면서 자기 자신도 다른 누군가의 손바닥에서 놀아나곤 한다. 물론 그 다른 누군가는 그들이 한없이 존경하는 사람, 말 한마디만 떨어져도 넙죽 엎드리게 되는 사람이다. 그렇다 보니, 심리 조종자 자신도 남에게 이용당하거나 남의 조종에 휘둘릴 때가 많다. 그런 악순환 속에서 그들의 두려움, 분노, 세상은 각박한 곳이라는 확신은 더욱 확고해진다.

심리 조종자는 자신의 미성숙을 책임지고 보호하는 부모 같은 존재를 갈망하기 때문에 과장된 존경과 필연적인 실망 사이를 왔다 갔다 한다. 게다가 이 존경과 실망의 시기가 유혹 단계, 파괴 단계와 상응하는 경우도 많다. 그는 부모를 대체하는 이 존재의 약점과 한계를 발견한 바로 그날부터, 자신을 실망시킨 이 존재를 결코 용서하지 않을 것이다.

그에게 심리 조종은 '위험하고 악의적이라고 생각되는 모든 것으로부터 그 자신을 보호하기 위해 환경을 통제하려는 시도'이다. 부적절하고 서툰 대응 방식이지만 그는 다른 방식들은 쓸 줄 모른다. 그가 당신을 조종하는 데 성공한다면 일단 마음은 놓을 수 있지만 끊임없이 자신의 지배를 확인해야 할 것이다. 반대로 당신을 지배하는 데 실패한다면 당신에게 겁을 먹을 것이다. 당신을 미워하고 일부러 피하며 자신의 지인 무리로부터 당신을 떼어 놓고자 안간힘을 쓸 것이다.

욕구를 채우는 방식에 문제가 있다

인간에게는 의식주를 비롯한 신체적 욕구도 있지만 관심, 애정, 소통 등에 대한 정신적 욕구도 있다. 정도의 차이는 있으나 유년기에는 정신적 욕구를 주로 부모나 양육 환경이 충족시켜 준다. 그리고 어른이 되어서는 이러한 욕구를 스스로 책임지고 자율적으로 충족할 수 있게끔 교육이 이루어진다. 하지만 현실은 만만치 않고, 그래서 우리는 욕구를 충족하는 이런저런 행동방식을 습득했다.

수동적 태도: 다른 사람이 내 욕구를 채워 줄 수 있다

어디까지나 나의 욕구, 그것도 기본적 욕구인데도 사람에 따라서는 스스로 욕구를 책임지기를 거부하고 수동적인 자세에 머물기도 한다. 이 세상을 처음 맞닥뜨렸을 때는 우리 모두 그랬다. 모든 것을 엄마의 호의에 의존해야 하는 갓난아기의 입장 말이다. 이때의 논리는 "나는 내 욕구를 책임지기 싫어.(혹은 책임지고 싶지만 그럴 수가 없어.) 그러니까 내가 요구하지 않아도 남들이 의무적으로 채워 줘야 해."라는 것이다. 이게 바로 미성숙한 인간의 태도다. 그는 이외의 다른 방식을 배우지 못했다. 그는 이 방식을 결코 단념하지 않을 것이다. 그게 자기가 인정받는 유일한 방식이니, 다른 방식을 제안해 봤자 화만 낼 것이다.

역설적이지만 수동적 태도는 안심이 되는 동시에 불안을 키운다. 당사자는 할 일이 없으니 일단은 편하다. 어떤 도전도 하지 않으니 실패할 것도 없다. 하지만 남들이 자신의 욕구를 잘 채워 주고 있는지 늘 살펴야 하기 때문에 꽤 피곤하기도 하다.

나는 이러한 메커니즘을 설명하기 위해 상담실을 찾아온 사람들에게 다음과 같은 상상을 해 보라고 한다.

"당신은 지금 감옥에 갇혀 있고 감옥에는 아무것도 없기 때문에 밖에서 음식을 가져다주어야만 한다. 아무도 오지 않으면 꼼짝없이 굶어 죽는다."

정신적 욕구도 눈에는 보이지 않지만 생존에 꼭 필요한 욕구이므로 식욕 못지않게 중요하다. 누군가가 감옥에 올 때마다 당신은 먹을 것을 얻으려고 애쓸 것이다. 꼬박꼬박 식사를 가져다주는 교도관이 있다면 알랑방귀를 뀌든, 속임수를 쓰든, 약점을 잡고 협박하든 간에 무슨 수를 써서라도 그를 휘어잡으려 할 것이다.

이때 사용 가능한 정서적 협박은 네 가지 유형으로 나타난다.

유혹자   교도관을 듣기 좋은 말로 구워삶는 유형이다. 교도관에게 정말로 고맙다고, 식사가 참 맛있었다고, 당신이 없으면 살 길이 막막하다고 말할 것이다. 혹시 아첨에 재주가 있어서 이 방법이 잘 먹힌다면 교도관은 자기가 정말 대단한 사람이라고, 자기가 식사를 가져다주는 방식에 뭔가 세련되고 남다른 데가 있다고 착각할 것이다.

피해자   동정에 호소하고 죄책감을 자극하여 보살핌을 얻어 내는 유형이다. 당신 목숨이 이 교도관의 손에 달려 있다. 그가 당신의 미래를 결정한다. 이 상황을 한껏 비극적으로 각인시켜라. 교도관만 바라보고 앉아서는 배고파 죽어 가는 시늉을 해라. 먹을 것을 가져다주지 않으면 사람도 아니라는 생각이 들 정도로. 요컨대 당신은 순교자다. 하지만 순교자 행세를 하는 당신이 사실은 폭군일 수도 있다.

학대자   기본적 수법은 직접적 혹은 간접적 협박이다. 당신은 교도소 밖에 엄청난 연줄이 있다고, 행여 당신이 굶어 죽는다면 무서운 보복이 기다릴 거라고 교도관에게 말한다. 그런 다음에 교도관을 깎아내리는 말들을 덧붙인다. "어쨌든 당신 일은 나에게 식사를 가져다주는 거잖소. 그 외에 당신이 할 일이 뭐가 있는데. 그러니 그 일이라도 잘해 보려고 노력하시오!"

구원자   교도관에게 그가 당신을 필요로 하는 것처럼, 당신에게 갚아야 할 빚이 있는 것처럼 생각하게 만드는 방법이다. 그를 애송이 취급하며 뭔가 실수를 저지를 때마다 조롱한다. 당신이 옆에 없으면 그는 아무것도 잘해 낼 수 없다고 주장한다. 그가 안고 있는 문제들을 당신이 해결해 준다. 그러면서 은근슬쩍 거짓 희망을 판다.

이 유형은 교도관의 꿈이 무엇인지 파악한 후에 당신이 그 꿈의 실현을 도와줄 수 있다는 암시를 불어넣는 것이다. 그에게 꿈만 같은 삶을 안겨 줄 이상적인 여자를 소개해 줄 수 있다든가, 대박이 확실한 투자처를 알고 있다든가, 그를 유명한 영화배우로 만들어 줄 제작자를 알고 있다든가 등등.

교도관이 미끼를 덥석 물고 나면 당신은 꼭두각시 다루듯 그를 조종할 것이다. 인형에 달린 실들을 잡아당기기만 하면 그는 맛있는 음식을 유순하게 갖다 바치리라. 이제 당신은 마음을 완전히 놓을 수 있을까?

이 조종의 실 하나가 어긋나면 굶어 죽게 된다는 것을 당신은 알고 있다. 그래서 교도관이 먹을 것을 가져올 때마다 이번이 마지막일지도 모른다는 생각에 더욱더 불안해질지도 모른다. 당신은 점점 더 자주 실들을 당겨 그 성능을 확인해 본다. 잠시 안심하지만, 다음번에는 이 실들이 잘 작용하지 않을지도 모른다는 생각에 다시 공포에 사로잡힌다. 결국 교도관은 당신에게 시달리다 못해 진이 다 빠지고 말 것이다!

나는 상담을 받는 이가 심리 조종자의 메커니즘을 이해하기 시작했다고 느끼면 곧 그러한 감옥은 현실에 존재하지 않는다는 사실을 알려주었다. 심리 조종자들은 그냥 자기가 움직여 먹을 것을 챙기면 된다! 그들이 남의 삶을 좀먹는 방식은 존재할 필요가 없다.

반응적 태도: 내가 적응을 하는 게 낫겠군!

우리는 우리의 기본적인 욕구가 양육 환경에서 부당하게 또는 무관심하게 방치될 때 그 욕구를 가급적 억제해서 최소한으로 충족시키는 법을 배운다. 이때의 추론 방식은 이러하다. "나는 다른 사람의 논리에 따라 행동해야 해. 그래야 내 기본적인 욕구를 한껏 충족시키진 못할지언정 어느 정도 보호라도 할 수 있거든."

카멜레온처럼 적응력을 발휘하려는 이 사람은 남들의 말을 경청하고, 감정이입을 잘하며, 말로 표현되지 않은 요구를 눈치로 알아차린다. 안타까운 일이지만, 바로 이런 유형의 사람들이 수동적인 사람들의 욕구까지 책임지게 되기 십상이다.

스톡홀름 증후군을 다시 생각해 보자. 당시 인질이 되었던 피해자들은 일상이 아니라 생존의 문제에 반응했기에 자기가 어떤 사람인지, 자기가 정말로 원하는 것이 무엇인지 모를 정도로 자기 자신과 단절되어 있었다. 반응적 태도를 지배하는 것은 인정받고 싶은 욕구, 귀가 얇다는 인상, 내면이 폭발하고 붕괴한 듯한 느낌이다. 나에게 상담을 받던 한 여성이 이런 말을 했다. "나는 내가 꼭 만화경 같다는 생각이 들어요!"

적극적 태도: 난 내가 알아서 한다!

어린 시절에 자신의 욕구를 제대로 인정받고 존중받은 사람은 물질적, 정서적인 면에서 자율적인 어른이 된다. 그는 '나의 논리에 따라 나의 욕구를 알아서 충족한다'는 사고방식으로 "나의 욕구는 무엇인가?"와 "나는 내 욕구를 어떻게 충족시킬 수 있는가?"라는 두 가지 핵심 질문을 늘 염두에 두고 산다. 그는 이러한 질문에 답할 수 있기 때문에 활기차게 행동하고 싶은 의욕을 느낀다. 또 적극적 유형의 사람은 수동적인 사람의 욕구를 떠안는 일 따위는 당연히 거절해야 한다고 생각한다!

물론 사회생활을 하다 보면, 어느 선까지는 남들의 욕구도 고려해야 하기 때문에 온전히 적극적인 태도만 취할 수는 없다. 다시 한 번 말하지만, 그러한 욕구들은 변덕이나 이기적 욕망으로 치부될 수 없으며 삶에 꼭 필요한 것이기 때문이다. 이를테면 당신은 가급적 당신의 수면욕을 존중하고 충족시켜야 한다. 밤새 아픈 아이를 간호한다든가, 밤늦게까지 하는 파티에 참석한다든가 할 때에는 예외를 둘 수도 있다. 하지만 배우자가 밤잠이 없다는 이유로 당신이 허구한 날 수면 부족에 시달릴 이유는 없다! 나와 직결된 욕구들에 대해서는 적극적 태도를, 다른 사람들도 관련된 욕구들에 대해서는 반응적 태도를, 내 힘으로 전혀 어떻게 할 수 없는 욕구들에 대해서는 수동적 태도를 취한다면 가장 이상적이지 않을까.

해결할 방법이 없다면 단념하는 것, 이것이 '놓아주기'다. 예컨대 당신은 차가 필요하다. 차에 대한 정보를 수집하고, 예산을 짜고, 자동차 판매원을 만나 보는 것은 적극적 태도다. 만약 대출을 받아야 한다면 반응적 태도로 넘어가야 한다. 은행이 정해 놓은 규약에 당신이 맞춰야 한다는 뜻이다. 소득 증빙이나 기타 서류를 챙기고 은행이 요구하는 서면 양식을 작성해야 하지만, 은행의 결정을 기다리는 동안에는 '놓아야' 한다. 은행의 결정은 당신이 어떻게 할 수 있는 게 아니다. 은행에 동정심이나 미안한 마음을 불러일으킨답시고 사정해 봤자 시간 낭비다!

자신의 욕구를 스스로 온전히 책임지기로 한 사람은 세상 모두를 만족시키려 하지 않으며, 놓아야 할 것은 명철한 의식 상태에서 놓을 줄 안다. 이런 사람은 에너지가 효율적으로 분출되기 때문에 다시 의욕적으로 행동할 수 있는 힘과 자유를 느낀다. 그렇게 참으로 적극적인 사람이 되려면 자기 자신의 욕구에 귀를 기울이고 그 욕구를 존중해야만 한다. 무엇보다도 심리 조종자의 욕구를 채워 주는 졸병 노릇은 당장 그만두자!

심리 조종자와
당신 사이의 계약

당신이 다음과 같은 신문 광고를 봤다고 치자.

"불만, 시샘, 미움, 잔소리가 많고 늘 비관적이며 즐거운 분위기에 초 치는 사람이 유쾌하고 열정적이며 자신을 희생하면서까지 상대를 사랑할 수 있는 파트너를 만나기 원합니다. 나의 부정적 감정을 다 받아 주는 쓰레기통, 나의 화풀이 상대, 나의 좌절의 속죄양이 되어 주실 분은 지금 당장 다음 번호로 전화 주세요."

당신이 심리 조종자와 살고 있다면, 삐뚤어진 직장 상사 밑에서 일하고 있다면, 애정 없고 말을 함부로 하는 엄마에게 일요일 저녁마다 맘에 없는 전화를 걸고 있다면 당신은 이 광고를 보고 자기도 모르게 전화하는 사람과 다를 바 없다.

당신이 심리 조종자를 만나게 될 때, 겉으로는 성인 대 성인의 관계가 성립되지만, 정신적으로는 '보호자 입장에 있는 당신의 한 부분'과 '심리 조종자의 가장 어린애 같은 부분'이 만난다고 보면 된다. 당신은 외롭고, 냉담하고, 거대한 숲속에서 길을 잃고 벌벌 떠는 엄지동자를 만난 셈이다. 이 가엾은 아이에게 마음이 움직여 아이에게 공감해 버리면 자신도 모르게 악마의 계약서에 서명한 꼴이 된다. 당신은 엄지동자가 더 이상 춥지 않게, 두려움과 외로움에 시달리지 않게 잘 돌봐 주겠다는 공식적인 약속을 무의식적으로 해 버린 것이다. 늘 그의 곁에 있겠다고, 그를 보호하고, 그가 꿈꾸는 안락과 행복을 안겨 주겠다고 약속해 버린 것이다. 나는 의도적으로 '악마'라는 표현을 썼다. 이 계약은 실제로 여러 면에서 그러하기 때문이다.

- 이 계약은 무의식적이다. 따라서 동의 조건에 하자가 있다고 할 수 있다.
- 이 계약은 기한이 정해져 있지 않았다. 당신은 항상 그를 보살펴야 만 한다.
- 이 계약은 일방적이다. 당신은 무조건 주기만 하고 엄지동자는 받 기만 한다. 대가는커녕 감사하는 마음조차 기대해선 안 된다.
- 이 계약은 갈수록 당신을 힘들게 할 수밖에 없다. 당신이 주면 줄 수록 엄지동자는 점점 더 충족시킬 수 없는 요구들을 들고 나올 것 이다.
- 이 계약은 긍정적 방향으로 나아갈 희망이 없다. 앞으로 뭔가 나아 질 여지는 전혀 없다.

어떤 계획에 쏟는 시간과 에너지는 정상적인 경우라면 늘 결실을 거 두게 되어 있다. 아기를 정성껏 키우면 그 아기는 살이 붙고 키가 무럭 무럭 자라며 여러 가지를 배울 것이다. 아기가 자라서 어느 정도 제 앞가림을 할 수 있게 되면 육아는 한결 편해진다. 그런데 엄지동자와의 계약은 그렇지가 않다. 이건 밑 빠진 독에 물 붓기다. 당신이 내놓는 모든 것은 말 그대로 낭비다.

- 마지막으로, 이 계약은 계약의 당사자를 은폐하고 있기 때문에 악마적이다. 당신이 불쌍하게 여기는 그 엄지동자는 사실 못되고 사악한 식인귀다.

이런 무의식적 계약이 존재한다고 생각하면, 심리 조종자와의 관계를 끊기가 왜 그토록 어려운지 상당 부분 설명이 된다. 이 계약이 조용히 작용하여 피해자로 하여금 자신을 희생하고 상대를 보호하는 행동의 틀을 벗어나지 못하게 하는 것이다.

혹여 계약을 조금이라도 수정하려 들면, 심리 조종자는 원래의 조항들을 일깨울 것이다. 당신이 계약이 불합리하다고 따지면, 그는 벌컥 화를 내며 식인귀의 본색을 드러낼 것이다. 잠자는 용의 분노를 들쑤실까 봐 이러한 관계에서 벗어나기를 포기한 사람들도 많다.

나탈리는 이혼한 지 5년이 됐는데도 전남편 회사의 회계 업무를 공짜로 봐주고 있었다. 게다가 친구들과의 모임에, 사실은 부르고 싶지 않은데도 가끔 전남편을 불러서 그가 화를 내거나 불만을 품지 않도록 신경을 쓰고 있었다.

그런가 하면 콜레트는 말 그대로 완전히 지쳐 있었다. 그녀는 30년 전에 이혼한 전남편을 매주 양로원으로 찾아가는 생활을 하고 있었다. 전남편은 매번 욕설과 야유를 퍼부었지만, 그의 세탁물을 처리해 주고 장도 봐주었다.(말할 필요도 없겠지만, 순전히 그녀의 지출이었다.) 내가 콜레트에게 이혼한 사이에 그렇게까지 할 의무는 없지 않느냐고 말하자, 그녀는 분개했다. "하지만 달리 할 사람이 없는데 어떡해요?" 전남편 주위에 사람이 없는 것도 전남편의 책임이라는 사실을 그녀는 전혀 깨닫지 못했다.

이 계약이 부부 사이에만 해당한다고 생각한다면 천만의 말씀이다. 직장에서 상사의 재량에 따라야 하는 비서, 부모의 양육 방식에 좌우되는 자식, 우정 관계를 철석같이 믿는 친구가 기를 빨릴 가능성은 얼마든지 있다.

나는 여러분이 이 무의식적 약속의 존재를 좀 더 실감할 수 있도록 종이에 한번 써 볼 것을 권한다. 그런 다음에 큰 소리로 읽어 보라. 이 계약의 부조리함을 깨닫기 위해서 그 정도 수고는 들일 가치가 있다.

전형적인 계약의 골자는 다음에 나오는 계약서와 같다. 나머지는 당신이 처한 상황의 특수성에 따라 달리 작성하면 된다. 당신과 그의 관계는 어떤 형태로 요약될 수 있을까? 당신들은 어떤 식으로 이 계약을 당신들의 기호에 맞출 것인가? 심리 조종자의 감언이설이 아니라 당신 삶에서 실제로 이루어지는 일들을 믿어야 한다.

엄지동자 계약서

_____ (갑)은 _____ (을)의 행복한 삶을 위하여 다음과 같이 계약을 체결한다.

제1조
갑은 을에게 흥미롭고, 신기하고, 좋고, 특별한 것들이 늘 부족하지 않게끔 개인적으로 살필 것을 약속한다.

제2조
갑은 다음의 것들을 완전히 포기한다.
1) 갑이 참되고 중요하며 신성하게 여기는 것
2) 갑의 바람과 욕구를 존중하고 만족시키는 것
3) 갑의 신체, 건강, 미덕, 존엄을 지키는 것

제3조
갑은 평생 을의 곁에 남아서 을의 소소하고 모순적인 변덕까지 채워줄 것을 약속한다. 그에 대한 약정으로는, _____
_____

제4조
_____
_____

제5조
을은 언제라도 이 계약을 수정하거나 새로운 조항을 덧붙일 수 있으며 갑에게 계약 수정을 미리 고지할 의무는 없다. 그러나 갑은 어떤 조항에 대해서도 이의를 제기하지 않고 계약서의 모든 내용을 성실하게 준수할 것을 약속한다.

제6조
이 계약은 어떠한 대가나 책임 제한 조항 없이 의무적으로 이행되어야 한다.

년   월   일

(갑)   서명   (을)   서명

자, 계약서를 일단 작성해 놓고 보니 어떤 생각이 드는가? 당신들의 관계는 과연 이 계약서와 같이 돌아가고 있는가? 상식에서 벗어난 정도가 너무 심하지 않은가? 당신이 만약 지금 법정에 있다면 이 계약서가 일방적으로 불합리한 조항들을 담고 있으며 사정을 제대로 듣지 못한 상태에서 서명되었다고 따질 수 있을 것이다.

나는 여러분이 그렇게 마음속으로 이 계약의 불합리성을 따져 보고 이 계약을 진지하게 수행할 이유가 전혀 없음을 깨닫기 바란다. 물론 말이 쉬워도 행동은 어렵다. 따라서 이 계약에 대해서는 이 책 3부에서 다시 한 번 이야기하겠다.

심리 조종자를 알아보는 법

"그 사람이 심리 조종자인지 아닌지 어떻게 확신하나요?" 이것도 수시로 받는 질문들 중 하나다. 확신? 이 의혹과 혼란의 바다에서 일말의 망설임도 없이 확신하기는 어렵다.

좀 희한하게 들리겠지만, 심리 조종자에 대해서는 무죄추정의 원칙을 적용하지 않는 편이 낫다. 여러 가지 테스트와 설문이 존재하지만, 그러한 검증을 얼마나 명석한 사람이 하느냐에 따라 신뢰도는 현저하게 달라진다. 심리 조종자와 그 상대 간 지배 관계에 의해 거짓 대답들이 얼마든지 나올 수 있다는 것을 나 또한 여러 차례 확인했기 때문이다.

일례로 이런 테스트 문항을 생각해 보자. "그는 거짓말을 한다. 참, 거짓 중 하나를 고르시오."

"아니, 아니, 그렇지 않아요. 그이는 거짓말을 한 적이 없어요. 아주 정직해서 거짓말이라는 건 아예 모르는 사람이에요!" 아내 되는 여자가 강하게 부인했다. 나는 참을성을 발휘하여 불과 몇 분 전에 그녀가 했던 이야기를 상기시키면서, 그 이야기로 봐서는 남편이 비열한 거짓말을 하고 있는 게 분명하다고 말했다. 여자는 생각에 잠긴 표정으로 대답했다. "맞아요, 그이가 거짓말을 하긴 했네요. 하지만 그이는 늘 자기가 올곧고 청렴한 사람이라고 말하거든요."

이렇듯 심리 조종자가 하는 말에 사로잡혀 사실을 있는 그대로 보지 못하는 사람에게 테스트를 실시해 봤자 제대로 된 결과를 얻을 수 없다. 오히려 테스트에서 심리 조종자의 정체가 은폐되고 그가 무고하다는 결과가 나와 심리 치료에 편견이 작용할 수도 있다.

자, 그럼 어떻게 알 수 있을까? 그들이 하는 말을 잘 듣고 주요한 요소들을 기록해라. 그는 관대하다, 그녀는 자기 목숨보다 당신을 더 사랑한다고 한다, 그 남자는 친구도 참 많다, 그녀는 당신이 다루는 그 일에 대해 속속들이 알고 있다, 그녀는 당신을 위해서라면 늘 자기가 양보한다, 그 사람이 당신의 제품을 홍보하고 판매를 진작시키기 위해 가능한 수단은 전부 동원했다고 한다…

그들이 한 말의 골자를 종이에 다 썼다면 이제부터는 그 옆에 그들의 말이 진실임을 입증하는 구체적 사실 혹은 그들의 말과 모순되거나 상당한 차이가 있는 구체적 사실을 적어 보자.

그가 관대하다고? 그의 관대함이 행동으로 어떻게 나타났는가? 그 사람을 직접 관찰하면서 관대함이 부족하다고 느낀 적은 없었는가? 그가 인색한 태도를 보인 적은 없는가? 그녀가 자기 목숨보다 당신을 더 사랑한다고? 그녀의 행동이 그렇게 보이던가? 정반대라고 생각할 만한 증거는 없는가? 그 남자의 친구가 사방에 널렸다고? 친구들이 몇 명이나 되는가? 그 친구들의 이름이 무엇인지 아는가? 친구가 많은 사람이라고 믿어도 좋을 만한 구체적 증거들이 있는가? 그 사람이 말하는 '친구'와 당신이 생각하는 '친구'가 같기는 한가?

심리 조종자에게서 가장 두드러지는 특징은 뭐니 뭐니 해도 언행의 불일치다. 여러분도 자신들의 삶에서 이와 비슷한 사례와 경우를 찾을 수 있을 것이다.

게다가 당신을 힘들게 하는 어떤 사람이 심리 조종자냐 아니냐는 다소 상대적인 문제다. 그 누구에게도 당신을 비판하거나 깎아내리거나 모욕하거나 위협할 권리는 없다. 당신이 하고 싶어 하지 않는 일을 강요해서는 안 되고, 공연한 죄의식을 자극해서 당신의 의사 결정에 압력을 가해서도 안 된다. 당신은 거짓말, 약속을 저버리는 일 따위를 용인해서는 안 된다. 심리 조종자의 봉이 되지 않고 차분하게 자기주장을 펼칠 수 있는 이 자기계발 작업은, 어쨌든 당신의 심리적 균형과 성숙에 필수 불가결하다.

거짓 문제들을 부여안고 우물쭈물하는 건 이제 됐다. 상대가 진짜 심리 조종자인지 아닌지, 그런 짓을 의식적으로 하는 건지 모르고 하는 건지, 고의로 폐를 끼치는지 부주의해서 그러는지는 문제가 아니다. 설령 그 사람이 당신을 진심으로 사랑한다 해도 당신을 갉아먹는 학대와 지배는 정당화되지 않는다. 이 상황을 끝낼 수 있는 사람은 오직 당신뿐이다.

어느 항공 조종사의 이야기: "내가 뭘 어쨌다고?"

항공사에 근무하는 부조종사가 한 기장이 자신을 몹시 미워한다는 사실을 알게 되었다. 그동안 있었던 일을 차근차근 돌아보니, 그 기장은 그를 10년 가까이 사사건건 괴롭혀 왔다. 게다가 몇 년 전부터 계속 승진 기회를 눈앞에서 놓치곤 했는데, 그 이유 또한 그 기장이 인사고과에 개입했기 때문이라는 게 아닌가. 부조종사는 언제, 어디서, 왜, 무엇을 하고 무엇을 하지 않았기에 이런 대접을 받을까 하는 생각에 몇 달이나 자기비판을 해 보았지만 의문이 풀리지 않았다. 잠도 오지 않았고 정신적 괴롭힘을 당하는 사람에게서 일반적으로 나타나는 증상들이 나타나기 시작했다.

그러던 어느 날 같은 팀 동료들에게 자신의 어려움을 토로했는데, 스튜어디스 한 사람이 몹시 불편한 기색을 보이며 자신이 그가 당하는 괴롭힘의 원인 제공자인 것 같다고 고백했다. 그 일은 거의 10년 전으로 거슬러 올라갔다. 당시 그녀는 풋내기 수습 스튜어디스였다. 그 조종사와 기장이 근무를 마치고 교대를 할 즈음, 그녀는 기장에게 비행기의 착륙이 정말 좋았다고, 처음부터 끝까지 대지와의 키스처럼 부드럽기 그지없었다고 칭찬했다. 기장은 그녀의 칭찬을 듣고 눈에 띄게 언짢은 표정으로 오늘 비행기 착륙은 자기가 한 게 아니라는 말을 던지고 가 버렸다. 기장이 부조종사를 괴롭히기 시작한 그 시기가 맞았다. 어쨌든 이유를 알고 나니 부조종사는 마음이 한결 편했다.

세상에는 자기가 괴롭힘을 당하는 이유를 알아내려고 헛되이 애쓰고 괴로워하는 사람이 수없이 많다. 그러나 대부분은 괴롭힘의 이유가 사소하고 유치한 핑계에 지나지 않는다는 것을 짐작조차 못한다. 그토록 커다란 미움이 가당키나 한가? 당신이 뭘 어쨌다고 그렇게까지 괴롭힌단 말인가? 이런 물음들은 이성적으로 해명되지 않는다.

03

그에게 걸려드는 사람들

심리 조종자는 두려움을 자아내며 부러움의 대상이 된다. 우리는 본능적으로 저 사람은 거스르면 안 되겠다는 느낌을 받을 때가 있다. 사람들은 비겁함 혹은 편의에 따라 가장 강한 자에게 붙고 가장 약한 자들에 대해서는 중립적인 척 시치미를 떼는 경향이 있다. 이렇게 다수가 너그럽게 봐주는 가운데 심리 조종자는 말도 안 되는 보호와 이익을 누리고 있다. 또한 심리 조종의 피해자들은 멸시를 당한다. 약하고 순진해 빠진 사람 취급을 당하고, 지배 관계를 벗어난 뒤에도 심리 조종자들처럼 너그러운 대우는 받지 못한다.

게다가 심리 조종은 그 지배 현상은 물론이고 결과도 외부로 좀체 알려지지 않는다. 정신적으로 괴롭힘을 당하는 이들이 더러 완전히 미쳐 버리는 이유가 여기에 있다. 극심한 스트레스에 시달리며 어디 가서 얘기했다가는 피해망상 환자라는 소리를 들을 만큼 기가 막힌 일을 당하고 사는데도 주위에선 오히려 히스테리를 부린다는 둥, 잔소리가 많다는 둥, 허구한 날 질질 짠다는 둥, 트집쟁이라는 둥 화살을 돌리니 미치지 않고는 못 배긴다. 당연하다. 정신적 괴롭힘은 바늘을 살에 하나하나 찔러 넣듯 개별적으로는 사소한 일들로 사람을 미치게 몰아가는 짓이다. 그래서 별 의미 없는 사소한 피해밖에 지적할 수 없을 때가 많다. 간단한 예를 하나 들어 보겠다.

심리 조종의 피해자가 "그 사람이 나에게 ~를 했어."라고 말한다.

친구는 깜짝 놀라서 나쁜 뜻 없이 대꾸한다. "그런 걸 가지고 뭘 그래? 별일도 아니잖아! 마음 쓰지 마!"

그래도 한 번 더 말해 본다. "그래, 맞아. 하지만 또 ~한 일도 있었어."

친구는 이번에도 악의 없이 말한다. "그런데 그것도 별일은 아니거든! 사소한 문제로 네가 너무 마음 쓰는 거 아냐?"

게다가 심리 조종자 특유의 수동적 공격성 때문에 그의 행동은 악의가 거의 감지되지 않을 만큼 음흉하게 이루어지곤 한다. 그래서 실제로 피해자들이 당한 일을 하나하나 떼어 놓고 보면 의미가 없다. 하지만 서서히 말려 죽이는 게 제일 무섭다고, 사소한 일들이 쌓이고 쌓여 사람을 미치게 만든다. 그래서 그 피해자는 가까운 사람들에게조차도 좀체 이해를 받지 못한다.

심리 조종의 피해자들에 대해 가장 널리 퍼져 있는 생각은 일반인보다 정신력이 약하고 남의 영향을 잘 받기 때문에 그러한 수법에 걸려든다는 것이다. 어떤 이들에 대해서는 마조히스트라서 일부러 그런 관계만 골라서 맺고 수모를 당하면서 쾌감을 느낀다는 말까지 나온다. 그렇다면 균형 잡힌 '건강한 정신'의 소유자는 심리 조종의 덫에 걸리지 않는다는 얘기가 될 텐데, 이는 상황을 지나치게 단순화하여 피해자의 명예를 훼손할 뿐 아니라 일반인은 이런 종류의 불운에 빠지지 않을 거라는 믿음을 확산시킨다는 점에서 위험하다. 다시 말해, 이러한 견해가 널리 퍼질수록 피해자들은 자신에게 문제가 있다고 생각해서 주위 사람들에게 속을 털어놓을 수 없게 된다. 심리 조종자는 으레 그렇듯 은폐될 것이고 흔적은 남지 않으니 완전범죄다.

게다가 심리 조종자들은 자기가 정신적으로 불안정하게 만든 사람을 '미친 사람' 취급하며 쾌감을 느낀다. 심리 조종자들의 수법에 이로운 일은 해 주면 안 된다. 지배 상황에 놓인 사람의 심리가 몹시 불안정한 것은 사실이지만, 심리 조종자를 만나기 전에는 심리가 안정적이었고 심리 조종자에게서 벗어나 어느 정도 시간이 흐르면 정상적인 상태로 회복된다. 또 그가 예전에도 건강하지 못한 인간관계를 선호했다든가, 이후 비슷한 관계에 끌릴 것이라는 편견도 대부분 그렇지 않다고 말할 수 있다. 대체로 그러한 괴롭힘은 그의 삶에서 별개의 우여곡절일 뿐이다.

사람은 누구나
조종당할 수 있다

요컨대 누구나 조종은 당할 수 있다. 심리 조종에 절대 빠지지 않는 다고 말할 수 있는 사람은 없다. 나처럼 이 문제에 정통한 사람조차도 이따금 심리 조종의 덫에 잠깐씩 빠졌다 나오곤 한다. 스쳐 지나가는 일 정도이기에 웃어넘길 수 있고, 그렇게 새로운 경험을 한 번씩 하면 나의 이론을 검증하거나 확인하는 데에도 도움이 된다. 하지만 이러한 나조차도 심리 조종에 절대로 빠지지 않을 거라고 자신하지 못할 만큼, 심리 조종은 단순하지 않다.

어떤 저자들은 인구의 10퍼센트는 다른 사람에게 조종당하는 법 없 이 남들은 좀체 습득하지 못하는 반(反)조종 수법을 자연스럽게 구사할 수 있다고 본다. 이 사람들은 자기에게 조종이 먹히지 않기 때문에 이런 문제를 이해하는 것 자체가 힘들다. "저쪽에서 도발했을 뿐이잖아! 네 가 상대 안 하면 돼! 딱 잘라서 싫다고 하면 되잖아! 네가 알아서 끊었 어야지!"

그런데 내가 관찰한 바로는 이런 식으로 말하는 사람도 다른 사람들 과 똑같이 심리 조종에 걸려들 수 있다. 밖에서 지켜볼 때에는 훤히 보 이는 수작도 막상 자기가 그러한 관계에 직접적으로 말려들면 보이지 않는 경우가 허다하다. 다른 한편으로 이런 말은 사태를 축소하거나 부인하거나 죄의식을 자극하듯 느껴질 수 있기 때문에 심리 조종의 피해자에겐 아무 도움이 안 된다.

나 또한 심리 조종에 빠지기 어려운 유형의 사람들을 만나 보았고, 자기 앞에 드리워진 덫을 가볍게 피하는 그들의 본능적인 능력에 감탄하기도 했다. 그들은 대개 성격이 솔직하고 담백하지만 순종적인 면에서는 그리 호락호락하지 않다. 한 여성은 파티에 참석했다가 심리 조종자 유형의 남성이 "왜 남자 친구랑 안 왔어요?"라고 대뜸 물어보자 본능적으로 이렇게 대꾸했다. "제가 남자 친구가 있는지 궁금하시면 그렇게 물어보시지, 왜 돌려서 물어보세요?"

하지만 이런 사람들도 약점이 있으며 정신적으로 유독 힘든 시기가 있을 수 있다. 이혼, 부고, 일과 관련된 문제를 겪을 때 그들의 단단한 자신감에도 균열이 생기고, 심리 조종자들은 가차 없이 그 틈을 파고들 것이다.

그런데 스톡홀름 증후군이 심하게 나타나는 사람에게는 아예 영속적으로 자리를 잡아 모든 상대에게 자신을 맞추는 '자기 조종'으로 나타날 수도 있다. 물론 이런 경우 피해자는 다른 사람의 요구나 압박이 없어도 거의 영구적인 지배 관계 속에서 살아간다.

많은 이들이 피해자의 고통을 보면서 '마조히즘' 운운하는데, 교류분석의 창시자이자 정신과 의사인 에릭 베른은 마조히즘도 "더 나은 것이 없기에 택하는 차선"일 뿐이며, 마조히스트가 되는 사람들 대부분은 더 나은 인간관계를 맺어 본 경험이 없기 때문에 그렇게 되는 것이라고 지적한 바 있다.

조종당하는 사람에게도
책임이 있을까

아니다. 어느 시점까지는 속임수에 걸려들었다고 해서 책임을 느낄 필요는 없다. 심장이 있고 공감 능력이 있고 몇 가지 개인적 약점이 있는 사람이라면 누구나 속아 넘어갈 수 있다. 지배 관계에는 상대를 속이고, 오류를 유도하며, 가치관을 전환시키려는 의도가 아주 초기부터 깔려 있다. 게다가 다시 한 번 말하지만, 심리 조종자는 만남의 초기에는 매우 매력적인 가면을 쓰고 사람 좋고 정 많은 모습을 보여 준다. 구체적 행동이 받쳐 주지 않음을 깨닫는 것은 나중 일이다.

하지만 "친구에게 한 번 속으면 그놈 탓이지만 두 번 속으면 내 탓이다."라는 속담도 있지 않은가. 한 번 속아 놓고도 한 번 더 기회를 주어야 한다는 세간의 믿음이 상황을 극도로 악화시킬 수 있다! 하염없이 믿기만 하고 자기보호를 하지 않아서 덫에 빠지는 일이 없도록 조심해야 한다. 정말로 친밀한 관계가 되기 전에 충분히 시간을 들여 상대의 품성을 알아보고, 말과 행동이 따로 놀지 않는지 살피고, 육체적으로나 법적으로나 자신을 보호할 방법을 찾아야 한다. 또 어떤 관계에서든 내

본연의 모습을 지키고 내 존엄성을 인정받을 자유를 지키는 것도 우리 책임이다.

너무 빨리 내 처지를 이해해 준다든가, 기적적인 해결책을 제시해 준다든가, 황홀한 동화 같은 이야기들을 늘어놓는 사람은 조심하자. 만약 이 말에 가슴이 뜨끔하다면 당신은 아직 심리 조종에 취약한 사람이다!

이런 성격이라면
특히 조심하자

심리 조종에 잘 걸려드는 사람들의 공통점

진력나는 지배 관계에 몇 년이나 사로잡혀 있는 사람들을 보면서 나는 몇 가지 공통점을 발견했다. 일단, 그들은 보통 사람보다 에너지가 넘친다. 기본적으로 쾌활하고 낙관적이며 발랄한 성품을 지니고 있다. 적어도 관계 초기에는 의욕적이고 창의적이며 보기 드물게 회복력이 좋았다. 심리 조종자가 이렇게 통통 튀는 사람들을 건전지로 삼아 에너지를 좍좍 빨아들이면서 얼마나 안도감을 느끼겠는가!

약해 빠진 사람들만 심리 조종에 걸려든다는 통념은 말도 안 된다. 실제로는 오히려 정반대다. 힘없이 축 늘어진 사람들은 이 포식자들에게 지속적으로 에너지를 공급해 줄 수 없다. 심리 조종자들은 엄청난 양의 에너지를 빨아들이고 밖으로 쏟아 내면서 사는 족속이기 때문이다.

심리 조종을 당하는 사람들에겐 또 한 가지 공통점이 있다. 그들은 심하다 싶을 정도로 친절하고 마냥 호의적이다. 나는 그들에게 정신 차리라는 뜻에서 차라리 수도사나 수녀가 되지 그랬느냐고 따끔하게 말하곤 한다. 이타적이고 관대하고 사람 좋아하고 누구에게서나 장점을 찾아내며, 절대 좋지 않은 상황에서도 좋다고 말하는 그들은 안 좋은 일을 당했어도 금방 잊고 너무 빨리 잊어서 문제일 정도로 원한도 품지 않는다. 그들은 누가 조금만 친한 척을 해도 감동하고 고마워한다. 속을지언정 속이지 않고 늘 충직하니, 심리 조종자들에게 이보다 좋은 먹잇감이 없다.

그들의 마지막 결점은, 사랑받고 인정받으려는 욕구가 남달리 크다는 것이다. 또 자기 자신을 곧잘 의심하고 남들이 말하는 자신의 가치를 곧이곧대로 믿는 경향이 있다.

이러한 성격은 심리 조종자의 밥이 되기 딱 좋지만, 흔히들 말하는 것처럼 정신적으로 문제가 있다고 볼 수는 없다. 반대로 천성적으로 밝고 너그럽고 긍정적인 에너지가 풍부하기 때문에 심리 조종자들이 자꾸 꼬이고 열 받아 한다고 봐야겠다.

심리 조종의 위험성을 높이는 조건들

심리 조종 위험도를 더욱 높이는 다른 요소들이 있다. 고립, 약화(피로, 좌절, 몇 가지 약점 등), 현실을 인정하기 어려운 상황 등은 어떤 사람의 지배에 빠질 위험을 한층 높인다.

사람의 인생에는 오르막길이 있으면 내리막길도 있다. 가까운 이의 죽음, 이혼, 해고, 사고는 누구에게나 일어날 수 있다. 피가 흐르면 피라니아들이 꼬인다. 개인적으로 몹시 안 좋은 상황에 있을 때 심리 조종자의 덫에 걸려드는 경우가 많다. 원래 이단 종파 등도 신문의 부고란을 보고 힘들고 어려운 처지에 있는 사람들을 일부러 찾아가 전도하는 수법을 쓴다.

그런가 하면 개인의 이상주의적 성향이 심리 조종의 위험도를 높이기도 한다. 어떤 이들은 환상을 유지하기를 원하며 세상이 자기가 바라는 모습과 다르다는 사실을 알고 싶어 하지 않는다. 친절이 넘치고, 서로 돕고, 능력이 있어서 열심히 하면 다 되는 세상. "꿈에서나 있을 법한 세상이네요." 나는 그들에게 일부러 들으라는 듯이 말하곤 한다.

그들의 이상주의는 어떤 면에서 아직도 산타클로스와 잘생긴 왕자님이 있다고 믿는 순진함과도 같다. 친절하지 않은 사람도 분명히 존재하고 기적적인 해결책 따위는 없다는 것을 인정하지 않는 태도이기도 하다. 그들은 자신의 생각과 어긋나는 현실을 직시하기보다는 자신의 꿈에 부합하는 겉모습만 보려고 한다. 이러한 믿음이 심리 조종자들의 입맛에는 딱 들어맞는다. 이상주의적인 그 사람의 꿈을 은근히 비추어 보여 주기만 하면 함정 속으로 빠뜨릴 수 있으니까. 그들은 잘생긴 왕자님(혹은 이상형의 여인)을 만났다고, 꿈꾸던 일자리를 얻었다고, 대박이 확실한 투자를 했다고, 더 나은 세상을 만드는 데 한몫했다고, 진짜 내 가족 혹은 진정한 친구를 얻었다고 믿고 싶을 뿐이다!

앞에서 암시에 잘 걸려드는 성격에 대해서 살펴본 바를 되새겨 보라. 암시가 제대로 기능하려면 자기암시로 바뀌어야 한다고, 암시를 부풀리는 것은 그 자신의 기대 어린 믿음이라고 했다. 그렇다. 이때에 지배 관계는 순식간에 모든 요소를 찰카닥하고 연결해 주는 계기요, 이후 퍼즐의 모든 조각이 들어맞아 그림이 나타나게 된다. 불현듯 아귀가 빈틈없이 들어맞고 모든 것이 착착 제자리를 찾으면서 성배 찾기가 끝난다. 상식을 되찾고, 착각은 버리고, 객관적이 되어야 할 것이다. 내 눈으로 보고, 내 귀로 듣고, 나의 실용적 논리대로 생각해야 할 것이다. 하지만 이 이상주의자들은 꿈을 믿고 싶어 하기에 기만을 박살 내기보다는 환상을 유지시키는 겉모습을 지키는 쪽으로 에너지를 쏟아붓는다.

'지옥에서 행복의 이미지를 전시하는' 환상의 악용

"선남선녀가 따로 없지요!" "우린 행복의 조건을 다 갖추었어요. 정원 딸린 집과…" 심리 조종을 당하는 사람들은 종종 지옥 같은 관계 속에 살면서도 전통적인 행복의 이미지들을 전시하기에 바쁘다. 그들이 자주 하는 말을 들어 보자. "나도 내가 왜 힘든지 모르겠어요, 힘들 이유가 하나도 없는데…" 어떻게 보면 이 말은 사실이다. 힘들 이유가 하나도 없는데 주위의 심리 조종자 한 사람 때문에 힘들 수 있다.

하지만 이 말은 거짓일 수도 있다. 심리 조종자가 부정과 환상 속에 그를 가두어 놓았기 때문에 이런 거짓말이 나오는 것이다. "당신이 불평할 이유가 어디 있어!" "길 가는 사람 막고 물어봐. 이렇게 괜찮은 남편

(아내, 직장, 친구, 거래처 등)이 어디 흔한 줄 알아?" "당신은 당신이 얼마나 운이 좋은 사람인지 모르나 봐!"

심리 조종자의 호감 가는 가면에 속아 넘어간 주위 사람들도 맞장구를 친다. "얘, 너는 복도 많다. 남편이 어쩌면 그렇게 자상하니!" "너희 사장님 진짜 멋지다." "언니가 잘 챙겨 줘서 좋겠다." 이렇게 지인들이 외적 성공, 외적 행복을 인정해 주면 그도 뭐라고 반박하기가 힘들다. 속으로 '내가 어떻게 사는지 너희들이 안다면⋯.'이라는 생각은 해도 대놓고 부인을 하지는 못한다.

만약 용감하게 이렇게 말해 버린다면 얼마나 속이 시원할까.

"있잖아, 내 남편은 두 얼굴의 사나이야. 손님이 있을 때에는 재미있고 사려 깊고 사람 좋은 남편이지. 그런데 너희가 나가고 나면 불도그 같은 얼굴로 입을 꾹 다물고는 나를 버러지 보듯 본단다."

그러나 심리 조종의 피해자는 자기 꿈에 자기가 농락당한 것 같아서 행복한 이미지를 포기하기가 싫다. 그 겉모습은 자기가 가진 유일한 것이니까. 오히려 그 겉모습에 병적으로 집착한다. 그는 얼핏 보았던 꿈을 놓고 기만을 정면으로 돌파하기 힘들어한다. 현실을 직시하면 너무 괴로우니까.

그가 꿈꾸는 행복은 광고 속의 이상적인 가정처럼 남편(아내)이 있고, 번듯한 집이 있고, 자식도 아들 하나, 딸 하나는 되어야 하고, 개를 기르고, 사륜구동 자동차를 소유하는 것이다. 다른 모습의 행복은 상상할 수가 없다. 그런데 이런 것들이 다 갖추어져도 불행할 수 있다. 겉모습까지 잃으면 더 불행해질 것 같으니 있는 거라도 악착같이 지키려는 것이다.

"그래요. 이혼을 하면 지금 사는 집은 팔고 평수 작은 아파트에서 살아야 하잖아요."

"좋아요. 그렇다면 스트레스와 부정적 감정에 찌들더라도 멋있는 집에서 사는 행복을 위해서 앞으로 20년간 계속 욕을 먹고, 사람 같지 않은 취급을 당하실 건가요?"

"그래요. 하지만 전 재산을 투자한 일이에요!"

"잘 알았습니다. 그럼 처음부터 속아서 투자했다는 사실을 인정하기 싫어서 계속 빚을 늘리시려고요?"

사실, 현재의 겉모습이 산산이 부서질 때 일시적으로 모든 것을 잃었다는 느낌을 받는다. 하지만 심리 조종의 피해자들은 천성적으로 활기차고 에너지가 넘치는 낙천주의자들이기 때문에 지배 관계에서 벗어나면 오래 지나지 않아 잘살아 보겠다는 의욕을 되찾는다. 나는 그런 경우를 매우 많이 보았다.

심리 조종자를 두려워하는 이유 3가지

자기주장의 어려움 심리 조종의 피해자는 너무 예의 바르고 '교육을 잘 받아서' 다소 부적절해 보일 정도로 사회적 규약에 얽매이는 경향이 있다. 그래서 심리 조종자를 냉큼 쫓아낼 수 있는 말과 행동을 감히 하지 못한다.

이런 사람은 두려워하는 것이 너무 많아서 객관적 위험을 막지 못한다. 마치 자기가 글러브 없이 링에 오른 권투 선수를 마주한 양심 없는 상대인 양, 비겁해 보일까 두려워서 자기 얼굴을 방어하지도 못하고 공격적으로 보일까 두려워서 상대의 공격을 받아치지도 못한다. 바깥에서 보면 이해가 안 된다. 누군가에게 약속을 이행하라고 요구한다고 해서 '나쁜 사람'이 되는 건 아니다. 친구의 부탁을 거절한다고 해서 그 친구를 잃는 것도 아니다. 자기 업무에 속하지 않는 일을 거부한다고 해서 해고를 당해서는 안 된다. 심리 조종의 피해자가 지배 관계의 이유라고 생각하는 것을 보통 사람은 거짓 핑계 정도로밖에 여기지 않는다. 어쨌든 이러한 두려움은 어이없을지언정 분명히 존재하고, 심리 조종자는 그 두려움을 금세 알아볼 뿐 아니라 자신에게 이롭게 이용한다.

조용하지만 확실하게 자기주장을 할 수 있는 사람은 흔치 않다. 이기적인 사람, 무능한 사람, 부도덕한 사람, 배은망덕한 사람으로 보일까 봐 두려웠던 적이 한 번도 없는 사람이 있을까. 폐를 끼치거나, 남의 심기를 거스르거나 상처를 줄까 봐 망설여 본 적 없는 사람이 있을까. 갈등, 결별, 보복에 대한 두려움은 아주 흔하다. 그래서 밖에서 보면 이러한 두려움을 어리석다 말할 수 있겠지만, 잠깐이라도 이런 감정을 겪어 보지 않은 사람은 없다.

심리 조종의 피해자는 사회적 의무라고 생각되는 규약들을 다시금 돌아보고 한계와 예외를 정할 필요가 있다. 다른 사람에 대한 의무요 내 나름의 윤리라고 생각해 왔던 것을 "일반적으로는 …를 해야 한다. 하지만 경우에 따라서는 …할 수도 있다."라는 지침으로 재정립할 필요가 있다.

자기보호의 치외법권　어린 시절에 부모가 보호자 역할을 어떻게 했느냐에 따라 자기보호 본능은 충분히 습득되기도 하고 그렇지 않기도 하다. 사랑과 존중 속에서 제대로 보호받고 자란 사람은 자신의 신체와 정신을 온전히 보호하는 것을 당연하게 여긴다. 하지만 부모의 방임 혹은 과잉보호, 부재와 무관심 속에서 자란 사람은 스스로를 보호하는 능력을 계발하는 데 어려움을 느낀다.

부모에게 학대받으면서 자란 사람은 자신을 보호해야 하는 그 체계로부터 직접적인 공격을 당한 셈이다. 보호받아야 할 권리, 스스로를 보호할 권리 또한 도둑맞았다. 어른이 회초리를 들면 아이는 손바닥을 내밀어야 했다. 양육자가 따귀를 때릴 때 자기 얼굴을 보호하려고 손으로 가렸다가 당장 손 치우라는 호통 소리를 들었을 것이다. 여기에는 아이는 피하지 말고 어른의 공격을 가만히 당하라는 명령이 내재해 있다.

정신적 학대도 마찬가지다. 아이는 비판, 깎아내림, 조롱에 맞서 자기보호를 해서는 안 되었다. 아이는 친밀감을 느끼지도, 자신의 예민한 부분을 존중받지도 못할 뿐 아니라 자기가 신성하게, 특별하게 여기는 것을 능욕당했다. 따라서 남의 심리를 조종하고 약탈하는 부모의 자식이 되는 것이야말로 한 사람에게 일어날 수 있는 최악의 불행이다. 그 사람의 앞길에 온갖 삐뚤어진 사람들이 꼬일 위험이 있으니까. 하지만 마조히즘은 아니다. 단지 약탈 관계를 피하는 능력을 계발할 수 없었기 때문에 그렇게 된 것뿐이다.

자기보호권을 다시 습득하는 것은 매우 힘들고 거대한 자기회복 작업이지만, 파괴적 관계에서 완전히 벗어나기 위해서는 피해 갈 수 없는 과정이다.

애정에 대한 과도한 욕구　나는 이런 말을 자주 한다. "사랑받고 싶은 욕구가 존중받고 싶은 욕구보다 클 때에 골치 아픈 일들이 시작된다." 이유는 간단하면서도 타당하다. 존중하지 않는 사람을 사랑한다는 것은 어불성설이니까.

경멸보다 사랑을 확실히 죽이는 것은 없다. 따라서 다른 사람에게 당신을 존중하지 않아도 된다고 생각할 여지를 주어서는 절대 안 된다. 보통 사람들은 당연하지 않느냐고 생각하겠지만, 세상에는 아주 약간의 애정 표시라도 얻으려면 자기를 망각하고 마구 퍼 주어야 한다고 생각하는 사람들도 꽤 많다. 심리 조종자는 바로 이런 사람들에게 닻을 내린다. 당신이 어떻게 행동하느냐에 따라 그의 애정이 좌우된다고 믿게 만들 것이다.

마찬가지로 인정받고 싶다는 욕구가 함정을 자초할 수도 있다. 심리 조종자는 아첨을 하며 접근한다. 처음에는 당신에게 그토록 절실한 칭찬, 당신을 인정해 주는 발언을 늘어놓을 것이다. 그리고 나서는 당신 삶의 모든 면을 판단할 권리를 부당하게 차지할 것이다. 당신의 친구 관계, 옷차림, 일, 취향에 사사건건 감 놔라 대추 놔라 하면서 당신의 개성을 앗아 갈 것이다. "네 생각은 완전히 글러 먹었어!"라고 말하는 사람에게 침착하고 온화하게 "그래. 네 생각은 잘 들었어. 하지만 그게 내 생각은 아니잖아!"라고 말할 수 있을 때에 심리 조종자는 감히 당신을 넘보지 못할 것이다.

심리 조종의 피해자는 사랑받고 싶다는 욕구가 남다른데 정작 애정도 없고, 공감도 없고, 도움이나 격려도 없는 상황에 빠진 격이다. 심리 조종자와 함께 살면서 무서운 외로움을 느끼지만, 그 사람마저 없으면 더 외로워질 거라고 생각한다. 언젠가 진심으로 사랑받게 될 거란 생각은 결코 이루어지지 않을 비현실적인 꿈처럼 느껴진다. 게다가 심리 조종자를 사랑하는 사람은 상대의 매정한 태도에 상처를 많이 받기 때문에 결국은 감정을 차단하는 법을 익히게 마련이다. 상대가 잔인하게 굴어도 일종의 마취 상태처럼 아무 느낌이 없고 변화의 필요성에 대한 절박함마저 느끼지 못하게 되니 그것도 문제다.

심리 조종의 피해자들도 일단 지배에서 풀려나면 금세 삶의 온기, 친구들과의 우정, 마음의 평화를 다시 느끼고 그동안의 고독이 인위적으로 조장된 것이었음을 깨닫는다.

괴롭힘이 끝나도
괴로움은 계속된다

지배 관계가 종결되면 심리 조종의 피해자는 기를 다 빨리고 빈껍데기처럼 약해질 대로 약해져 있다. 또 금단 현상을 보이는 약물 중독자처럼 극도로 불안정한 상태에 빠진다. 심리 조종자는 피해자의 삶에서 아주 큰 부분을 차지했었기에 정신적으로 떠나보내지 못하는 것이다. 이별은 가슴이 뻥 뚫린 듯한 공허를 남기기에 끊임없이 심리 조종자를 생각하고, 이야기하고, 지난 일들을 곱씹는다. 그의 부재는 두려움, 수치심, 죄의식이 교차하는 감정으로 다가온다.

이따금 무슨 핑계를 대서라도 그에게 다시 연락하고 싶은 충동이 강하게 일어날 것이다. 그의 말문을 막아 버리고 싶어서, 그가 얼마나 못되게 굴었는지 인정하게 하고 싶어서, 나의 행동을 정당화하기 위해서, 정말로 이제 아무런 애정도 남지 않았는지 확인하기 위해서, 심지어는 사과를 하고 싶어서. 물론 피해자는 이런 충동을 느끼고 스스로 부끄러워한다.

하지만 지배 관계가 막을 내리면서 느끼는 억울함이나 관계를 잘 끝맺지 못한 쓸쓸함이 너무 컸기에 얼른 다음 장으로 넘어가지 못하는 것도 당연하다. 그래서 지배 관계를 벗어난 이후에도 상처가 아물기까지 우울증을 겪는 사람도 있다.

카트린은 조용한 공동주택에서 개 한 마리를 기르며 혼자 살았다. 그러던 어느 날, 자기 집으로부터 두 층 아래에 왠지 불안정해 보이는 남자가 이사를 왔다. 그때부터 골치 아픈 일들이 시작됐다. 그 사람은 한밤중에 수도관 수리를 하는지 쿵쿵거렸고, 낮에는 건물이 떠나가라 음악을 틀었으며, 건물 입구를 가로막고 자전거를 세워 두는가 하면, 현관 매트를 마당에 아무렇게나 던져 놓았다. 이런 행동은 그나마 참고 넘어갈 만했다. 이웃들이 뭐라고 지적을 하면 되레 쌍욕과 협박을 늘어놓으니 적반하장이 따로 없었다.

운 나쁘게도 카트린이 그의 표적이 되었다. 그는 카트린이 키우는 개가 자기 집 앞에 똥을 싼다고 불평했다. 그러면서 정상으로 봐주기 힘든 일들을 했다. 허구한 날 카트린을 감시하고, 욕과 협박을 일삼고, 주먹을 휘두른 적도 몇 번 있었다. 카트린은 그때마다 경찰에 신고를 했다. 하지만 그는 경찰에서 '폭력성 없는 심신미약자'로 인정받은 사람이었기 때문에 벌을 받지 않고 풀려났다.

카트린은 이제 잠도 이루지 못했다. 욕을 먹거나 두들겨 맞지 않으려면 이제 이웃 남자의 일거수일투족과 기분을 살피는 일을 자기 삶의 중심에 두어야 했다. 그래서 그 남자가 없을 때에만 개를 데리고 산책을 했고, 잠자리에 들 때에는 귀마개를 했으며, 그가 공동주택 전체에 입히는 자질구레한 피해에 신경 쓰지 않으려고 초인적인 노력을 기울였다. 어쩌다 외출을 해도 집을 나설 때면 혹시 그 남자와 마주칠까 봐 심장이 터질 것 같았고 건물에서 멀리 떨어진 뒤에야 겨우 마음을 가라앉힐 수 있었다.

카트린이 이렇게는 도저히 못 살겠다 싶어 집을 팔고 이사할 궁리를 할 무렵, 그 남자가 갑자기 이사를 가 버렸다. 공동주택 전체가 정상적인 삶을 되찾았다. 카트린은 스트레스 받지 않고 개를 산책시키고, 그가 살던 층을 지나갈 때에 심장이 두근대지 않고 평온하게 자기 집으로 돌아올 수 있게 되니 기분이 이상했다. 그래도 그 남자가 오랫동안 남들에게 피해를 줘 놓고는 자신은 아무 대가도 치르지 않고 쏙 빠져나갔다는 사실에 분통이 터졌다. 그가 폭력, 협박, 욕설에 대한 벌을 받지 않았기에 화가 났고 다른 데 이사 가서 또 그런 짓거리를 할 거라 생각하니 속이 뒤틀렸다.

카트린은 그와 관계된 일을 계속 떠올렸다. 자신의 불만을 곱씹고, 자기가 왜 그렇게까지 그 사람 비위를 맞추느라 전전긍긍했는지 후회했다. 그 이웃 남자가 그만큼 카트린의 시간과 공간을 침해하며 생활의 큰 부분을 차지했었기에 허탈감과 무력감을 느꼈던 것이다. 그녀는 그렇게 외상 후 우울증을 앓았다.

지금까지 여러분은 지배 관계의 특징과 그 주요 등장인물들을 살펴보았다. 이제 여러분은 가장 중요한 문제로 넘어갈 수 있다. 정신적 지배에서 어떻게 벗어날 것인가? 나를 회복하고 다시는 조종당하지 않으려면 어떻게 해야 할까?

TROISIÈME PARTIE: LA SORTIE D'EMPRISE

Part 3

그를 벗어나
나만의
행복찾기

'사람 좋은 나'
대신
'그냥 나'를
택하라

01

무력해진
심리 조종의
피해자

정신적 지배에서 벗어나는 단계는 까다롭고 어렵다. 피해자는 녹초가 되어 스스로 방향을 잡지 못하는 데다가 이미 가해자의 명령에 무조건 따르게끔 조건화된 상태다. 또 흩어진 생각을 하나로 모으지 못하는 것은 물론 자존감도 떨어질 대로 떨어져 있다. 겁에 질려 있고 아무 여력이 없다. 하지만 당장 어떻게 하지 않으면 자기가 남아나지 않을 거라는 예감은 있다. 지배 관계에서 간신히 벗어난 사람들은 나중에 종종 이렇게 말한다. "떠나야 했어요! 그것만이 내가 살길이었죠! 하마터면 뼈도 못 추릴 뻔했어요!" 하지만 당시에는 그야말로 초인적인 노력이 필요했을 것이다.

그리고 심리 조종자도 자기 손아귀에서 상대가 빠져나가려는 예감이 들면 가만히 있지 않는다. 심리 조종자는 자기의 문제를 돌아볼 줄 모르기 때문에 온갖 발광을 다할 것이다. 상대가 자기에게 복종하지 않은 죄로 벌을 받아야 한다고 생각하면서 아주 다양한 가능성들을 열어 놓는데, 상대가 정신적으로 무너지리라 예상되는 바로 그 지점으로 이끌려고 애쓸 것이다.

경우에 따라서는 그가 내리는 벌이 비교적 대수롭지 않을 수도 있다. 상처가 되는 말을 하거나, 아끼는 물건을 빼앗거나 망가뜨리거나, 인색하게 굴거나, 비방을 한다거나. 때로는 심리 조종자가 몹시 파괴적인 행동을 할 수도 있다. 그의 복수심을 절대로 가벼이 보아서는 안 된다. 그는 상대를 망가뜨릴 수 있는 일이라면 뭐든 할지도 모른다. 직장을 잃게 만들거나, 상대와 그 주변 사람들 사이에서 이간질을 하거나, 양육권을 빼앗거나, 빈털터리로 만들거나, 평판이나 건강에 큰 손상을 입히거나….

극단적인 경우에는 포식자의 본능대로 사냥감을 추적하듯 피해자를 가차 없이 추적하며 몰아세울지도 모른다. 뉴스를 보면 심리 조종자가 살인까지 저지를 수 있다는 사실을 확인할 수 있다. 이혼 요구를 당했다는 이유로 아내와 자식을 잔인하게 살해한 가장을 보라. 심리 조종자가 자살하는 경우도 간혹 있다. 하지만 그 이유는, 많은 이들이 순진하게 생각하듯 이별의 슬픔을 견디지 못해서가 아니다. 오히려 상대가 영원히 마음 편히 살 수 없게 해 주겠다고 작정하고 폭력과 증오를 자기 자신에게로 돌린 결과라고 봐야 한다.

심리 조종자의 잠재적 위험성을 가늠하기 곤란할 때도 있다. 어떤 사람은 말로는 죽일 듯 달려들지만 별다른 행동은 하지 않는다. 하지만 어떤 사람은 조용히 엄청난 일에 착수한다. 그러니까 수동적으로 겁만 먹고 있으면 안 된다. 위험 정도를 고려해서 적절한 자기보호책을 강구하며 꿋꿋이 자기 길을 가야 한다.

이렇게 심리 조종의 피해자는 정말로 도움이 필요한 상황인데도 이해받고 도움받기를 포기한 지 오래일 수 있다. 그가 처한 지배 관계에 대해서 잘 알지 못했던 지인들의 태도가 상황을 더 악화시키기도 한다. 바로 그렇기 때문에 그들 관계로부터 완전히 중립적이면서 자기애적 인격 장애자들에 대해 잘 아는 전문가와 상담하고 도움을 받는 것이 중요하다. 지배 관계를 완전히 벗어날 때까지 그러한 도움은 꼭 필요하다.

곁에 피해자가 있다면
이렇게 대하라

혹시 당신과 가까운 사람이 지배 관계의 피해자라면 그 사람을 돕는 데 필요한, 다음의 몇 가지 방법을 새겨듣자. 당신 자신이 심리 조종의 피해자라면 당신을 이해하지 못하고 상황을 가볍게 여기며 죄의식만 자극하는 주변 사람들에게 다음의 조언을 보여 주자.

경청하라

지배 관계의 피해자는 속에 쌓아 둔 말이 많다. 사소한 부분까지 곱씹어 가며 생각하고 또 생각하느라 문제에서 헤어나지 못한다. 이성적으로 납득시킬 생각도 하지 말고 충고도 하지 마라. 일단 속에 쌓인 말을 다 끄집어내게 내버려 두고 마음을 읽어 주자. "정말 힘들었겠구나." "힘내. 나도 있잖아." "이제는 달라질 거야." 이런 몇 마디 말로 충분하다.

안심시키고 보호하라

당신에게 기대도 좋다고 피해자에게 알려라. 여차해서 정말 힘들면 당신 집으로 오라고 말해 주자. 당신 집에는 손님방이 없다든가 피해자에게 자동차가 없다든가 하는 세부 사항에 얽매이지 말고, "풀 수 있는 문제는 풀면 그만"이라고 말해 주자. 피해자가 먼저 가해자의 폭력이나 알코올중독 등을 고백하면 모를까, 그렇지 않다면 꼬치꼬치 캐묻지 마라. 피해자가 객관적으로 어떤 위험에 놓여 있는지 짐작할 정도의 분별력은 있을 것이라고 믿자. 당신이 활기차고 직설적인 사람이라면 피해자가 단호한 결심을 내리는 데에 좀 더 도움이 될 수도 있다.

함부로 판단하지 마라

심리 조종자의 오만 가지 판단에 시달린 피해자는 이미 수치심과 죄의식에 죽을 지경이다. 그러니 판단을 덧붙일 때가 아니다. 나중에, 지배 관계에서 완전히 벗어나 스스로 자기 행동을 돌아보고 자기가 어떤 점에서 잘못했는가를 객관적으로 볼 수 있을 때라면 모를까, 지금은 그런 말을 해 봤자 죄의식을 자극해서 상태를 더 악화시킬 뿐이다. 가급적 "네 책임이 아니야."라고 말해 주자.

어떤 경우에도 심리 조종자 편을 들어선 안 된다. 그들의 행동방식을 정당화하지 마라. 그들의 행동방식은 어떻게 봐도 객관적으로 용납하기 어렵다. 세뇌당한 피해자에게, 심리 조종자와의 대화는 불가능하다는 명백한 사실을 일깨워 정신을 차리게 해야 한다. 쓸데없는 가정으로 그들의 행동을 정당화하지 마라. 그들의 관계가 이 지경이 된 것은 전적으로 그들 자신의 탓이다. 피해자가 관계를 끝내야 한다면 그건 가해자가 그렇게 만든 거다!

'좋게 넘어가라'는 말 따위는 하지 마라

이제는 협상이고 뭐고 없다. 이제 여러분도 알겠지만, 심리 조종자는 수세에 몰리면 "우리 화해하자!"라고 말하면서도 자신의 용납할 수 없는 행동거지는 고치지 않는다.

타협으로 심리 조종자를 다스릴 수는 없다. 물론 입으로 약속은 하겠지만, 실천이 따르지 않을 것이다. 심리 조종자를 상대할 때에는 단호한 태도가 최선이다. 그와의 합의는 악의, 술수, 거짓말, 자기가 한 약속을 두고 발뺌하는 수법 때문에 결코 오래가지 못한다. 그러니 피해자에게도 마음 단단히 먹고 법적 절차를 밟으라고, 필요하면 변호사의 도움을 받으라고 말해 주기 바란다.

심리 조종의 피해자는 정면으로 부딪치기를 두려워하고 (그 사기꾼을 상대로) 비겁하거나 돈 밝히는 사람으로 보이기 싫어서 자신의 법적 권리를 포기하고 자기 몫을 털리는 경향이 있다. 생활비 지급, 재산 분할, 해고수당, 투자금에 대한 회수, 손해배상 등 그 종류는 다양하다.

이때에는 전문 법조인이 법적으로 어디까지 요구하고 받을 수 있는지 알려 줄 것이다. 법이 피해자를 도울 수 있는 상황이라면 관련 정보를 충분히 습득해서 받을 것은 받아 내야 한다고 말해 주자. 지나치게 타협적이기에 자기가 마땅히 받아야 할 것도 놓아 버리려는 피해자가 있다면 이 말을 귀에 못이 박히도록 해 주자. "법대로만 해. 더할 것도 없고, 덜할 것도 없이 법에 정해진 대로만 하는 거야."

02

정신적 지배에서
벗어나기

심리 조종자의
마법이 깨어지다

당신이 이 책을 읽기 시작할 때 심리 조종자의 지배를 받고 있었다면 여기 희소식을 전한다. 당신은 이미 해방되기 시작했다. 실제로 정신적 지배에 대한 치료는 다음 과정을 거쳐 피해자에게 그러한 인간관계의 주요 요인들을 가르쳐 주는 것부터 시작한다.

- 지배 관계 발견하기
- 지배 관계에 빠지게 된 과정 이해하기: 어쩌다가 이렇게 됐지?

- 자신의 현재 행동을 지배 관계에 연결해 보기
- 심리 조종자에 대해 자세하게 기술해 보기
- 심리 조종자가 지배 관계를 만들어 내고 유지하는 수법 파헤치기
- 지배 계약을 고발하되 자신도 그 계약에 가담했음을 인정하고 이해하기
- 마법 깨뜨리기: 용과 맞서 싸우자

이 책을 읽으면서 당신은 이미 이 과정의 상당 부분을 밟았다. 책을 읽으면서 이론적 토대를 닦고 책에서 자세히 다룬 지배 관계 유형들에 자신의 예를 비추어 보기도 했다. 틀림없이 '내가 겪은 상황이랑 참 비슷하구나.'라고 생각했을 것이다. 내가 말한 심리 조종자의 특징이 당신이 떠올린 그 사람의 특징과 일치하지는 않는가? 하지만 계약을 고발하고 용과 맞서 싸우기 전에 중요한 세 단계를 먼저 넘어야 한다.

- 온전한 자기 모습을 회복하고 자기 보호책 마련하기
- 주요한 계기들을 식별하는 법 배우기
- 자동적 행동방식을 해체하고 자기 행동을 선택하는 법을 다시 익히기

지배 관계의 모든 측면과 이를 깨뜨릴 필요성을 자각하고 나니, 차마 직시하기 힘든 것들도 많다.

내가 확실히 얻었다고 생각했던 것, 나의 꿈과 희망은 다 허깨비였다.

그 모든 것이 가상적 존재이고 실체 없는 말에 불과했다. 자신이 이 엄청난 속임수의 피해자라고 인정하려면 속이 뒤집히고 자신의 순진함이 부끄러워 견딜 수 없을 것이다. 어쩌면 이렇게까지 착각을 하고 살 수 있었을까? 그다음에는 사막과도 같은 관계에서 신기루처럼 아른댔던 꿈들을, 오랫동안 바랐지만 늘 나중으로 미루었던 계획들을 이제 보내야 할 것이다. 그러다 마침내 그동안 성과 없이 퍼부은 엄청난 시간, 돈, 에너지를 결산하는 씁쓸한 시간이 온다.

다행히도 이렇게 자각을 하고 지배 관계에서 차차 벗어나면 오랫동안 잊고 있었던 평화가 돌아올 것이다. 골칫거리, 비난, 위협, 복잡하게 얽힐 일 없이 단순하고 기분 좋은 하루하루를 살아가게 될 것이다. 자, 그러니까 이 악물고 버텨라!

이제 당신의 문제에 적용해 보자

심리 조종자를 관찰하라

지배에서 벗어나려면 엉킨 실을 하나씩 차근차근 풀어야 한다. 일반적이고 이론적인 접근만으로는 부족하니, 지금부터는 당신의 관계에 작용하는 실들을 구체적으로 파악해라. 이해하고, 멀찍이 물러나 바라보고, 그 모든 메커니즘을 자각하는 것이 중요하다.

당신은 조금씩 의심스러운 인과관계를 해체하고 아주 은근한 거짓, 부인, 위협을 알아차리고 앞뒤가 안 맞는 말을 지적할 수 있게 된다. 그렇게 서서히 상대의 최면에 넘어가지 않고 사실만을 받아들이는 법을 배우는 것이다. 당신의 눈에서 콩깍지가 떨어져 나갈 것이다. 태양이 빛나면 모든 것이 또렷이 보이고 흡혈귀들은 줄행랑친다.

이러한 관찰 단계에서는 어떤 말이나 행동을 취하지 않겠다고 자기 자신과 약속해라. 자기가 지혜롭고 온화한 노인이 되었다고 상상해 보라. 심리 조종자와 가까이 있으면서 그가 난리 치는 모습을 가만히 지켜보라. 그가 늘 써먹는 레퍼토리, 인색 떨기, 사악한 암시, 도발을 늘어놓더라도 아무 말 말고 반응하지 마라. 그러면 상대는 자신을 말없이 차분하게 바라보는 시선을 느끼며 자신이 간파당하고 있다고 생각할 것이다.

쉽게 발끈하는 당신의 평소 태도가 심리 조종자에겐 유리하게 작용한다. 그는 당신을 자꾸만 찔러 댈 것이다. 섣부른 말이나 행동을 하지 않도록 주의하면서, 그의 도발이 점점 노골적으로 변하고 우스워지는 모양을 감상하기 바란다. 살살 달래기, 한바탕 난리 부리기, 협박하기, 멀쩡한 사람 죄인 만들기, 눈물 콧물 쏟기… 평소보다 더 과장된 그의 주특기를 볼 수 있을 것이다.

도발에 넘어가지 않도록, 당신이 동물 행동을 관찰하는 연구자처럼 유리벽을 사이에 두고 그를 보고 있다고 상상해라. 혹은 내가 바로 당신 옆에서 그의 행동을 이 책의 내용과 연결하며 이런저런 코멘트를 하는 중이라고 상상해도 좋다. 아니면 내 이론을 설명할 새로운 사례를 찾으라는 지시를 받고 지금 보고서를 쓰는 중이라고 상상해 보라. 이 책에 나와 있는 사례들보다 훨씬 더 기가 막히고 강력한 예를 잔뜩 찾을 수 있을 것이다. 당신이 관찰 단계에 있을 때 심리 조종자가 가장 흔하게 보이는 반응은 다음과 같다.

- 반항을 하면 어떤 부정적이고 참담한 결과가 있을지 열거하면서 불길한 위협이나 경고를 한다.
- 두 사람 사이에 직접적, 간접적으로 연루된 사람들이 불행해진다면 다 당신 탓이라는 식으로 미리부터 떠넘긴다.
- 욕설과 비난을 퍼붓는다.
- "당신 뭐 잘못 먹었어?" "나한테 왜 이러는 건데?" "누구 사주라도 받았어?" "지금 당신이 무슨 잘못을 저지르고 있는지 알아?" 등등의 질문 공세나 자기주장으로 당신을 괴롭힌다.
- 심기가 상했다는 것을 보여 주기 위해 사람을 투명인간 취급하거나 자신의 상처받은 위엄을 내세워 차갑고 고압적인 태도를 취한다.

스스로 변화를 결심하라

이제 당신도 납득할 것이다. 지배에서 벗어나려면 차분한 자기주장의 노하우를 습득해야만 한다.

심리 조종자는 그야말로 조종을 할 뿐 소통을 하지 않는다. 그는 혼란에서 흥분을 느끼고 싸움이 나면 힘이 솟는 인간이기 때문에 평화를 원치 않는다. 그러니 '언젠가 저 사람과 대화가 되겠지.'란 생각은 집어 치워라. 그 대화는 필연적으로 싸움으로 이어질 테니까.

그보다는 차라리 심리 조종자가 예측한 타협안을 철저히 거부함으로써 상황을 관리하는 편이 낫다. 고분고분한 태도로 안정을 얻으려 하면 관계가 확실하게 망가진다는 것을, 당신도 지금껏 몸으로 부딪혀 가며 배우지 않았는가? 그는 절대 안 바뀐다. 자, 그러니까 그가 변하기를 기대하지 말고 당신이 변하자. 그 변화가 당신의 삶에 기적을 불러올 것이다.

이해받을 생각 버리기　심리 조종을 당한 사람은 오랫동안 특별한 좌절감에 시달린다. 언젠가는 그 사람도 자기가 얼마나 몹쓸 짓을 했는지 알게 되기를 바라기 때문이다. 자기가 얼마나 고생을 했는지 그 사람도 인정하는 날이 오기를 바라는 그들의 마음은 강박적 욕구에 가깝다. 자기 인생, 자기와 가까운 사람의 인생을 망친 범죄자를 고발한 사람이, 그 범죄자가 중형을 받기보다는 자기가 한 짓의 심각성을 깨닫고 진심으로 사과를 해 주기를 더 바라는 심리와 마찬가지랄까. 그래야만 애도를 완수하고 과거를 떠나보낼 수 있기 때문이다. 하지만 그런 일은 거의 일어나지 않는다. 오히려 후회도 안 하고 역지사지도 모르는 가해자의 태도가 피해자를 두 번 죽이기 일쑤다.

"언젠가 자기도 알겠지."라는 기대는 무서운 함정이다. 심리 조종자는 자기 행동과 과오를 철저하게 부인한다. 피해자의 고통을 모르기 때문에 그럴 수 있는 것이다. 또 자기는 완벽하기 때문에 모든 문제는 남들에게서 온다고 믿어 의심치 않는다.

그래서 아동학대를 하는 부모들에게 그 사실을 지적하면 자기는 꿀밤 한 대 때린 적 없다고, 아이가 버릇이 없어서 그렇지 자신은 흠잡을데 없는 부모였다고 펄쩍 뛰는 것이다. 폭력적인 남편은 자기가 한 일을부정하고 아내가 우울증에 걸려 제정신이 아니라고 할 것이다. 직원을괴롭히는 사장은 그 직원이야말로 회사에서 암적 존재였다고 주장한다. 심지어 강간을 저질러 놓고도 상대가 옆구리를 찔러서 생긴 일이라고, 어떤 면에서는 자기도 피해자라고 경찰에게 진술하는 뻔뻔한 인간도 있다!

자, 그러니 심리 조종자가 책임감을 느끼리라는 생각은 완전히 버려라. 당신 또한 계속 책임감을 느낄 필요가 없다. 그 사람은 자기가 당신에게 얼마나 나쁜 짓을 했는지 앞으로도 모를 것이다. 하지만 당신은그가 아무리 부정해도 이미 알고 있지 않은가. 당신은 이제 그냥 있지않기로 결심했다.

소통 포기하기 대화 당사자들에게 잘해 보려는 의지가 있다면 소통과 갈등 관리 기법들이 좋은 결과를 낳을 수 있다. 그런데 이러한 기법들이 심리 조종자에게는 전혀 효과가 없는 것으로 밝혀졌다. 들으려는마음도 없고 신경도 안 쓰는 사람을 붙잡고 당신의 생각, 감정, 욕구를 아무리 진실하게 토로해 봤자 소용이 없다. 자기가 한 약속을 지키지 않는 사람과는 합의에 이를 수 없으며 악의는 그 무엇으로도 상대할 수 없다. 그러니까 심리 조종자와 소통을 잘하기 위한 첫 번째 규칙은 소통 자체를 포기하는 것이다!

태도 바꾸기   처음에 당신은 관찰자의 입장에 섰다. 오리에게 물이 묻어 봤자 부르르 털어 내면 그만이듯, 이제 그의 행동이 당신에게 타격을 입히지 못하게 해야 한다.

당신의 새로운 행동 노선은 임기응변, 예의, 유연성, 냉정함, 단호함이 되어야 한다. 사납게 성질을 부리거나 상처를 주거나 폭력을 쓸 생각은 하지 마라. 그 사람과는 말싸움도 하지 마라. 상대가 악의를 품고 거짓말과 앞뒤 안 맞는 말로 당신을 무너뜨리려는 것을 알고 있지 않은가. 건설적인 대화가 될 리 없다는 것을 알고 있지 않은가. 이제 그 따위 말싸움에 말려들지 말자. 여기 마법처럼 거리를 유지할 수 있는 세 가지 유형의 문장이 있다.

- "당신이 그렇게 말한다면…"
- "그건 당신 의견이지."
- "그렇게 믿는 건 당신 자유야."

카린은 엄마에게 이 새로운 태도를 취해 보았다. 엄마는 어릴 때부터 그녀를 달달 볶더니 어른이 된 후에도 사사건건 간섭하고 지배하려 들었다. 카린은 난생처음으로 호랑이 같은 엄마 앞에서 차분하고 어른스러운 태도를 취하며 엄마의 수상한 짓을 관찰했다. 그녀는 나에게 "엄마의 수법을 잘 봐 뒀다가 선생님에게 전부 다 얘기하려고 의욕적으로 관찰했지요!"라고 했다.

카린은 이 새로운 초소에서 엄마의 행동을 보면서 엄마가 나이만 많지 사실은 심술궂고 질투심 많은 여자아이나 다름없다는 것을 금세 깨달았다. 그러자 갑자기 엄마가 더 이상 무섭지 않았다. 엄마는 평소 딸과 불화가 있을 때마다 회피 수단으로 사용하던 마법의 주문을 몇 가지 써먹어 보고는 그것이 통하지 않자 무서운 말을 마구 퍼부었다. 카린은 한 발짝 물러나 있었기에 그런 말이 도발에 지나지 않는다는 것을 알았지만 그래도 슬펐다. 어떻게 엄마는 자기가 낳은 딸에게 이토록 잔인할 수 있을까? 하지만 곧 그들의 모녀 관계에 그러한 잔인함은 늘 존재했는데 지금까지 은폐되어 있었을 뿐이라는 것을 깨달았다.

불과 몇 주 만에 카린은 엄마를 상대로 용납할 수 없는 행동은 고쳐 달라고 요구할 마음의 준비를 끝냈다. 엄마는 자꾸 싸움을 걸려고 했지만, 카린은 예의 바르고 차분하지만 확실하고 단호한 태도로 객관적 사실만을 취하며 그 상황을 넘겼다. 궁지에 몰린 엄마는 무너졌다. 그렇게 기세등등하던 엄마가 잼을 손가락으로 찍어 먹다 들킨 아이처럼 으앙 하고 울음을 터뜨렸다. "내가 낳은 딸이 이럴 수가!" 그 울음조차도 여전히 심리 조종자다웠다. 내가 카린을 다시 보게 된 것은 이때부터다. 카린은 동정심에 넘어가지 않고 엄마에게 물 한 잔을 건네며 "이제 진정하세요, 마음을 가라앉히셔야 대화를 마무리할 거 아니에요."라고 했다.

카린도 참 끈질기지 않은가! 엄마는 두 손 두 발 다 들었다. 엄마는 얌전해져서는 군소리 없이 딸이 제시하는 조건을 수용했다. 그 이후로 카린의 엄마는 좀 더 조심해서 행동할 줄 알게 됐고, 카린도 말도 안 되는 처사는 용납하지 않겠다는 자세로 엄마를 경계할 줄 알게 됐다. "엄마가 저를 좀 두려워하니까 훨씬 좋네요. 엄마와 그런 관계밖에 될 수 없다는 게 슬프지만, 최소한 엄마 때문에 힘이 들지는 않으니까요!" 나와의 마지막 상담 시간에 카린이 한 말이다.

심리 조종자와의 계약을 깨라

나는 앞에서 당신과 당신의 가해자가 체결한 사악한 계약을 지적했다. 이제 당신과 그의 파괴적 인간관계가 얼마나 말도 안 되는 조항들로 이루어져 있는지 알았으리라 믿는다. 숲에서 길을 잃은 외롭고 추운 엄지동자가 사실은 식인귀였다는 것, 기억하는가? 이제 한껏 그 계약을 고발할 때다. 지배 관계에서 벗어나려면 엄지동자의 뒷목을 잡고 차가운 숲속으로 질질 끌고 가 패대기쳐야 한다. "이제 나 없이 너 혼자 잘해 봐!" 그런 다음에는 뒤이어 나타날 그의 분노발작을 상대해야 할 것이다.

하지만 제일 힘든 부분은 그를 변화시킬 수 없음을 인정하고, 그동안의 허송세월, 쓸데없이 흘려보낸 돈과 기력이 얼마나 아까운지 깨닫는 것이다. 그의 변화를 도울 수 있다고 믿었건만 결과적으로는 아무 이유 없이 두들겨 맞고 멸시당하고 욕먹었다는 사실을 직시하는 것보다 힘든 것은 없다. 요컨대 내가 처음부터 속았다는 것을 인정해야만 하는데, 이러한 자각은 몹시 고통스럽다.

지배 관계에서 벗어날 때의 기분은 새로 지어야 하는 폐허더미에 힘없이 주저앉아 있는 것과 비슷하다. 얼마나 막막하겠는가? 옳고 진실하고 아름답고 믿을 만하다고 여겼던 것이 사실은 전혀 그렇지 않았다는 얘기 아닌가? 지배를 당하는 내내 가상의 세계에 갇혀 있던 사람은 자신의 모든 지표를 잃고 기막히게 속아 넘어갔던 것이다.

지배 관계에서 벗어난다는 것은 일반화되어 버린 이 사기극에 정면으로 부딪친다는 뜻이다. 그런데 우리가 함께 살펴보았듯이, 남에게 쉽게 조종당하는 사람들일수록 공정한 세상, 순수한 사랑, 보편적 박애, 쉽게 돈 버는 방법 따위를 믿고 싶어 하는 욕구가 강하다.

이제 눈을 크게 뜨고, 괴롭더라도 떠나보내야 할 것들을 떠나보내는 애도의 작업을 해야 한다. 자신을 다스리려 하지 말고 마음껏 슬퍼해라. 상징적인 행동을 해 보는 것도 좋다. 의미 있는 장소를 다시 한 번 찾아가 꽃다발이라도 놓고 온다든가, 애도해야 할 대상을 상징하는 물건을 땅에 묻는다든가, 사진이나 편지를 불태운다든가….

관계 떠나보내기 가장 먼저 해야 할 애도는, 언젠가 이 관계를 조화롭게 꾸려 보겠다는 생각을 떠나보내는 것이다. 기껏해야 그 사람이 말썽을 부리지 못하도록 다스리는 게 고작이요, 혹시 그가 각별히 유해한 인간이라면 관계를 아예 끊는 것이 상책이다.

심리 조종은 음흉하고 비열하며 위험한 분위기 속에서 이루어진다. 괜히 그런 분위기에 오래 있다가는 자기만 망가진다. 인간관계를 과감히 끊지 못하고 무리를 하면서까지 친구로 남기를 바라는 사람, 헤어진 후에도 좋은 관계를 유지하려고 애쓰는 사람이 많다. 그런데 심리 조종자와의 사이에서 미래는 없다.

누구에게나 좋은 얼굴만 보이고 싶은 마음도 일종의 함정이다. 어떤 사람들과는 확실하게 관계를 끊을 줄도 알아야 한다. 상종하지 말아야 할 사람은 분명히 있다. 이 말은 당신의 상상 속에만 존재하고 실제로 존재하지 않는 아름다운 우정 혹은 사랑의 사연에 종지부를 찍어야 한다는 뜻이기도 하다. 경우에 따라서는 심리 조종자가 당신을 이상화하고 떠받들던 잠깐의 시기가 있었을 수도 있겠지만….

더 슬픈 일도 있다. 부모가 심리 조종자라면, 언젠가 부모에게 사랑과 보호를 받을 수 있으리라는 희망을 떠나보내야 한다. 내면 아이가 마땅히 받아야 할 것들을 태어날 때부터 갈취당한 기분을 느끼는 것도 당연하다. 그래서 이러한 애도는 내면 아이에게 각별히 고통스럽다. 하지만 자기 부모가 줄 수 없는 것을 '언젠가는' 하면서 기대하고 살다가는 인생 전체를 낭비할 것이다. 그런데도 이러한 문제에 있어서 거짓 희망을 완전히 접기는 매우 힘들다.

마리안은 엄마의 알코올중독을 치료하려고 갖은 애를 다 썼지만 엄마가 자꾸만 더 술에 빠져드는 모습에 절망했다. 엄마가 사는 아파트는 돼지우리나 다름없었다. 엄마는 이제 씻지도 않고 딸이 찾아와도 욕만 퍼부었다. 마리안이 처음에 나를 찾아온 것도 엄마를 도울 방법이 없을지 알아보기 위해서였다. 몇 번의 상담 후, 마리안은 포기했다. 엄마가 스스로 행동하고 변화되는 것 외에는 방법이 없음을 깨달았기 때문이다.

마리안은 서른네 살의 노처녀였는데, 엄마 문제에 치여 변변한 연애조차 하지 못했다. 그녀는 나의 도움을 받아 엄마와 조금씩 거리를 두고 자기 인생에 집중하기 시작했다. 그러면서 점점 예뻐지고 여성스러워졌다. 그 무렵, 갑자기 엄마가 술을 끊고 완전히 새로운 심리 조종 수법을 쓰기 시작했다. 이 새로운 버전의 메시지는 '내가 버티려면 네가 꼭 필요하다. 네가 나 몰라라 하면 난 또다시 술독에 빠질 거다.(그러니까 내가 다시 술을 입에 대면 그건 다 네 탓이다!)'였다. 엄마는 그녀에게 이제 정말로 엄마다운 엄마를 가질 수 있을 거라는 암시를 함으로써 거짓 희망을 팔았다.

엄마의 사랑에 목말라 있던 마리안은 그 함정에 제 발로 뛰어들려 했다. 나는 마리안이 충분한 거리를 두고 생각할 수 있게 도와주었다. 딸이 서른네 살이나 먹었는데 이제야 제대로 엄마 노릇을 하겠다니, 늦어도 너무 늦지 않았는가. 게다가 왜 하필, 마리안이 겨우 여자로서 자기 삶을 살아 보려고 하는 이때에 그러는 걸까? 기적이 아닌 신기루가 마리안을 기다리고 있지는 않을까?

마리안은 엄마의 새로운 수법에 넘어가지 않고 버텼다. 그리고 사랑하는 사람과 커플을 이뤄 이 새로운 행복을 지키는 데에만 집중했다.

이해하고 이해받겠다는 생각 떠나보내기   남의 심리를 조종하는 사람은 당신 입장을 헤아리려 하지도 않을 것이요, 자기가 저지른 잘못을 인정하지도 않을 것이다. 또 지난 일에 의미를 부여할 생각도 버려라. 당신의 사연에 시종일관 드러나는 앞뒤 안 맞는 말과 행동에 의미 따위는 없다.

근사한 직장에서 근사한 일을 한다는 생각 떠나보내기   직장에서 심각한 괴롭힘을 당하면서도 자기가 하는 일이나 그 회사를 너무 이상화한 탓에 그만두지 못하는 사람들이 있다. 이만큼 월급을 주는 데가 어디 있나, 이만큼 자유로운 근무 환경이 어디 있나, 이렇게 재미있는 일이 어디 있나, 이 정도 사회적 혜택을 주는 직장이 어디 있나 하는 생각 때문이다. 세계가 경제 문제로 심각하다지만, 이러한 믿음은 분명 잘못되었다. 당신의 가치관과 부합하는 기업 윤리가 있고 조건도 좋은 직장은 얼마든지 있다.

나와의 상담 후에 정신적으로 괴롭힘을 당하던 직장을 나온 사람들은 다들 나오기를 잘했다고 말했다. 새로운 직장을 구하기까지 힘들고 어려운 시간을 보내긴 했지만, 결국 모든 면에서 자신에게 더 잘 맞는 직장을 구할 수 있었기 때문이다. 잊지 마라. 정신적 괴롭힘이나 성추행이 단 한 명의 변태에 의해 일어났다고 해도 그러한 행태를 방관하는 회사는 절대로 좋은 직장이 아니다. 그런 직장에 버티고 있어 봤자 자살하고 싶은 마음밖에 남지 않을 것이다. 당신의 삶은 빵빵한 휴가비, 보너스, 스톡옵션 따위보다 훨씬 더 높은 가치가 있다!

게다가 지배 관계에서 벗어나려면 때로는 상당한 돈을 포기해야 한다. 받아 낼 것으로 기대했던 돈, 투자한 돈, 써 버린 돈, 잘나가는 기분, 성공의 겉모습 등 그동안 지옥에 살면서 한 줄기 위안으로 삼았던 바로 그것을 포기해야 한다. 하지만 지옥이 사라지면 위안도 필요 없다! 그러니 그 겉모습은 놓아 버려도 괜찮다. 아무리 많은 돈이 이미 들어갔대도 그냥 포기하기로 마음먹으면 당신의 자유를 위해 지불한 셈이 될 것이다.

알렉상드르는 상담을 받으러 왔을 때 초주검이 되어 있었다. 그는 2년 전에 부동산 사업에 뛰어들었다. 동업자가 되기로 한 사람은 카리스마도 있고 믿음직해 보였다. 이 문제의 동업자가 대단한 심리 조종자였다. 동업자는 그가 부친을 여의고 괴로워하는 것을 알고는 강렬한 정서적 전이를 유도하기 위해 일부러 너그러운 아버지 같은 모습으로 다가왔다. 알렉상드르는 조금의 망설임도 없이 자기가 가진 자금을 전부 그 사업에 투자했다. 당연히 그때부터 일이 꼬이기 시작했다. 아버지를 대신할 듯하던 동업자는 실망만 안겨 주었다.

그는 이제 자신의 동업자가 비판과 불만이 많고 남을 얕잡아 보지만 정작 본인은 무능하다는 사실을 인정할 수밖에 없었다. 하지만 투자를 했으니 이익을 봐야 한다는 생각에 사로잡혀 동업자가 사업을 방만하게 운영하는 동안에도 어떻게 해서든 그 사업을 살려 보려고 노심초사했다.

"알렉상드르, 그 돈은 어차피 못 건질 것 같은데요. 당신이 포기할 수도 있잖아요. 그냥 잊으세요. 떠나보내라고요. 이제 거기까지만 하고 다른 일로 넘어가요!" 나는 부드럽지만 단호하게 말했다.

이 말을 듣고 그는 따귀를 맞은 기분이었을 것이다. 그렇다. 나는 알렉상드르가 그때까지 인정하지 않으려 했던 바로 그 자명한 사실을 말했다. 그는 투자 손실을 보상받을 수 있는 어떤 법적 조치도 취하지 않았기 때문에 자신의 권리를 주장할 방법이 없었다. 게다가 동업자라는 인간은 어떻게 봐도 지불 능력이 없었다.

알렉상드르는 결국 손을 놓았다. 나중에 그 불쾌한 동업의 기억에서 벗어나 새로운 일을 찾은 그는 이렇게 말했다. "결국 내가 포기한 그 돈이 내가 찾은 자유의 대가였어요!"

이상적인 연인 떠나보내기　고통스러울지라도 한번은 똑똑히 깨닫는 편이 낫다. 지배는 사랑이 아니라 심리 조종자가 조장하고 유지시키는 정서적 의존증일 뿐이다. 게다가 종종 이러한 지배 관계의 초기, 즉 가장 들뜨고 좋은 순간을 '미친 사랑', '불같은 사랑' 등으로 표현하곤 하는데, 이런 말은 미친 사랑 다음에는 지옥이 온다는 사실을 모르고 하는 소리다. '미친'은 틀림없지만 '사랑'은 잘 모르겠다. 한 사람을 망가뜨리는 짓거리는 절대로 사랑이 될 수 없다!

지배 관계에서 벗어난 피해자는 주위 사람들이 이해하기 힘들 정도로 애정의 금단 현상에 괴로워하고 몸부림친다. 심리 조종자 연인과의 이별은 술이나 담배를 끊는 것만큼 힘들다고 한다. 하지만 그런 인간과의 관계는 사랑과 무관하다.

티에리는 상담 중에 울음을 터뜨렸다. 그는 지배 관계에서 벗어나는 치료를 하면서 자신과 로랑스의 관계가 불행하고 파괴적이라는 것을 자각하고 이별을 결심했다. 하지만 시시때때로 로랑스에게 전화를 걸어 만나자고 말하고 싶은 충동이 거세게 일었다. 티에리는 로랑스와 두 번이나 이별했다가 재결합한 전적이 있었다. 로랑스는 티에리가 다시 만나자고 할 때마다 이별의 대가를 혹독히 치르게 했고, 티에리를 이전보다 더 강하게 휘어잡으며 숨통을 조였다.

티에리와 나는 금단 현상의 전조들을 파악하고 무슨 일이 있더라도 로랑스에게 다시 전화하는 일은 없게끔 전략을 세웠다. 그는 로랑스에게 전화를 하고 싶어질 때마다 휴대전화를 집에 두고 인근의 녹지로 산책을 갔다가 돌아와서는 DVD를 한 편 보기로 했다. 그래도 금단 현상이 가라앉지 않고 마음이 불편하면 최후의 수단으로 로랑스 대신 나에게 전화를 걸기로 했다. 실제로는 DVD와 산책 몇 번으로 전화를 걸고 싶은 충동을 달랠 수 있었다. 티에리에게는 참으로 다행스러운 일이었다!

지배 관계에 스스로 동의한 사람을 함부로 판단하지 않으려면, 심리 조종자가 그 사람의 정신 영역을 완전히 차지한 탓에 지배 관계가 끝난 후의 공백도 무시할 수 없다는 점을 생각해야 한다.

그리고 이전에 입력되고 편성된 그 모든 행동방식과 무의식적인 계약을 고려한다면, 피해자의 금단 현상도 설명이 된다. 그는 오래전부터 가해자의 명령, 심지어 말로 표현하지 않은 명령까지 수행하게끔 조건화되었다. 그의 무의식에서 심리 조종자와의 결별은 용서받지 못할 죄, 무시무시한 보복이 기다리는 죄다. 그의 금단 현상 이면에는 결별의 금지를 어겼다는 공포가 깔려 있을 때가 많다. 결국 그는 자신의 모습을 비추어 보는 거울 놀이에서 벗어나지 못하고 있는 것이다.

심리 조종자는 우리의 꿈을 포착하고 홀로그램 이미지로 보여 줄 줄 안다. 그래서 우리는, 사실은 우리 자신의 꿈을 사랑하고 있을 뿐인데도 상대를 사랑하는 거라고 착각하곤 한다. 우리는 그와의 관계를 끊으면서 황홀한 꿈은 포기해야 한다고 생각한다. 하지만 일단 지배 관계 밖으로 벗어나면 그렇게나 특별하고 아름답고 멋있었던 그 사람이 불현듯 매력도 없고 재미도 없고 성격까지 이상해 보인다. 그때에 비로소 우리가 사랑한다고 믿었던 그는 어디에도 없었음을 깨닫게 된다.

꿈을 이루겠다는 마음 잠깐만 떠나보내기 꼭 애정 관계가 아니더라도 심리 조종자는 자기가 점찍은 그 사람의 꿈을 철두철미하게 이용해 먹는다. 내가 드디어 영화계에 첫발을 내딛는구나, 이제 대박을 터뜨리겠구나, 오래전부터 가고 싶었던 외국으로 갈 수 있겠구나, 번듯한 자리에 오르겠구나…. 피해자는 그렇게 믿는다. 따라서 심리 조종자와의 관계를 끊으면 이 꿈을 이룰 기회도 포기하는 거라고 잘못 생각하게 된다.

하지만 사탕을 주겠다고 약속한 사람이 사탕을 주지 않는다고 해서 사탕 자체가 존재하지 않는 것은 아니다! 심리 조종자는 내버려 두고 당신 꿈은 당신이 챙기면 된다. 그 꿈은 당신이 조심하고 노력하면 다른 상황, 다른 맥락에서 이루어질 것이다.

자기 자신에게 물어보라. 심리 조종자가 이용하는 나의 꿈이 무엇인가를 생각해 보면, 그가 써먹는 메커니즘을 파악함으로써 통제력을 되찾을 수 있다. 그렇게 하면 상대가 은근슬쩍 암시하는 미래가 사실은 그럴싸하지 않다는 것도 쉽게 깨달을 수 있다. 당신은 스스로 미래를 다시 계획하고 꿈을 실현하기 위해 최선을 다하겠다고 다짐하면 된다.

정의로운 세상, 친절한 나에 대한 믿음 떠나보내기   부정한 이득을 취하는 사람, 사기꾼, 가해자는 언제나 있었다. 당신은 앞으로도 이따금 용납되지 않는 상황을 겪을 것이다. 악의는 이 세상에 존재한다. 그 사실을 부정해 봤자 당신만 또다시 이용당하고 수탈당하기 쉬운 인간이 된다.

성인이라면 누구나 자신의 안전을 책임지고 자신을 온전하게 보호할 수 있어야 한다. 자기존중은 남에게 부탁해서 되는 게 아니라 스스로 강하게 밀고 나가야 하는 것이다. 남들이 자기 발을 밟고 지나가도록 내버려 두면서 더 나은 인간이 될 수는 없다. 친절도 어느 선을 넘어가면 어리석음이 되고 그때부터 등쳐 먹는 인간들이 꼬이기 시작한다. 남이 나의 온전함, 나의 안전, 나의 법적 권리를 침해하는 것을 경계하는 것은 한시도 게을리할 수 없는 꼭 필요한 작업이다. 이 사실을 인정하면 모든 일이 한결 쉬워진다.

자기 자신과 새로이 계약하라

엄지동자와의 계약은 이미 고발을 통하여 무효가 되었다. 애도의 작업도 완료되었다. 미래에 비이성적인 기대 따위는 걸지 않는다. 자, 이제 모든 지배에서 벗어나 심신을 온전하게 되찾고 존중받을 미래에 대한 생각을 새롭게 세워 보자.

먼저 어떠한 희생을 치르더라도 이 목표를 달성하겠다고 자기 자신과 굳게 약속하자. 지금 이 순간부터는 전략적 순종, 그러니까 탈출구를 찾을 때까지 시간을 벌기 위한 순종만 한다. 물론 상황이 더 나빠질 수도 있고, 상대가 숨통을 더 조여 올 수도 있으며, 수작이 훤히 보이는데도 저항할 수 없는 때가 있을 것이다. 하지만 마음 한구석으로는 이제 곧 벗어날 거라는 생각을 꽉 붙들어야 한다. 나 자신에게 엄숙하게 맹세해라. "조만간 내가 꼭 널 여기서 꺼내 줄게!"라고 말이다.

나는 여러분에게 새로운 계약서를 써 볼 것을 권한다. 이번에는 나 자신과 맺는 계약이다. 멀지 않은 미래에(가급적 1년 안에) 이 지배에서 나 자신을 풀어 줄 것을 서면으로 약속해라. 이 계약에는 구체적이고 확실한 조항들이 포함되어야 한다. 어떤 조항은 고려하거나 실천하기가 몹시 어려워 보일지 모른다. 아직 그 조항들을 지킬 준비가 되지 않았다고 생각한다면 인내심을 갖고 기다려라. 하지만 장기적으로 그 목표를 지향해야 한다는 것을 잊으면 안 된다. 나 자신과 맺는 계약의 예를 들어 보겠다.

1 대단치 않거나 상징적 행동에 지나지 않을지라도 나 자신이 두려움이나 죄의식으로만 움직이는 사람이 아니라는 것을 입증할 만한 행동을 반드시 하겠다고 약속한다.

2 다음과 같은 인생의 기본적인 선택들에 대하여 결코 내 뜻을 양보하지 않겠다고 약속한다.
 - 결혼을 하거나 살림을 차리는 문제
 - 가까운 사람이나 친구와의 관계를 끊는 문제
 - 사직 혹은 별로 만족스럽지 못한 일을 계속 하느냐 마느냐의 문제
 - 큰돈을 지출하거나 투자하는 문제
 - 임신과 인공 유산의 문제

3 나는 나 자신을 보호하고 심신의 건강을 살필 것을 약속한다. 다시 말해, 내 심신의 건강에 해가 될 수 있는 사람을 좌시하지 않겠다.

4 나의 소신을 되찾고 차분하게 자기주장을 펼칠 것을 약속한다.

당신은 이 계약에 준하여 지배에서 벗어나는 처음, 중간, 끝 단계의 구체적인 실천 프로그램과 일정을 정한다. 예를 들면 1월이 지나기 전에 변호사를 만나고, 6개월 내에 이혼소송 절차를 밟고, … 9월에는 무슨 일이 있어도 이사를 간다. 이런 식도 좋다. 제1주, 이력서와 입사지원서를 준비해 둔다. 제2주, 내가 지원할 수 있는 회사들의 리스트를 뽑아 본다. 제3주, 이력서를 보낸다. 제4주, 이력서를 보낸 회사들에 전화를 걸어 본다.

그 밖에도 당신의 상황과 특히 잘 부합하며 구체적으로 앞으로 나아가고 있다는 느낌을 주는 여러 조항을 추가할 수 있다. 예를 들어 '그가 소리를 지르면 나는 무조건 방에서 나간다', '자동 응답기를 항상 켜 놓고 엄마의 전화를 세 번에 한 번꼴로만 회답 전화를 한다' 같은 조항 말이다. 자신이 작성한 계약서를 규칙적으로 다시 읽어 보면서 자신의 약속을 되새기고 실제로 얼마나 진전이 있는지 확인하자. 마지막으로 자기 자신과의 계약은 이 마지막 조항을 꼭 포함해야 한다.

5 나는 지배에서 완전히 벗어나기 위해서 '의심, 두려움, 죄의식'이라는 지옥의 악순환을 쉴 새 없이 깨뜨리고자 노력할 것을 약속한다. 다시 말해, 나의 생각을 명확히 하고 기본적인 자신감을 회복하기 위해 나 자신을 보호하며 나의 미래를 스스로 책임질 것을 약속한다.

03

의심, 두려움, 죄의식의
고리 끊기

의심을 버리기 위한
생각의 정리

머릿속으로 정리를 하고 추려 낼 것을 추려 내어 정말로 중요한 것이 바로 설 여지를 두라. 심리 조종자들이 대화 상대를 몰아넣는 이 모순적이고 혼란스러우며 기만적인 정보의 도가니 속에서 우선순위를 정하고, 쓸데없는 생각이나 세부 사항에 휩쓸리지 않기란 참 어렵다. 게다가 심리 조종자가 주입한 그 모든 가짜 믿음을 뒤집어 보는 작업도 있어야 한다. 이때 이미 입증된 사실에만 주목하는 것이 중요하다. 이제 여러분도 알겠지만 심리 조종자의 말과 행동은 하늘과 땅 차이다.

당신은 지금까지 공허한 말의 감옥에서 살아왔다. 그의 어리석고 미숙하며 변덕스러운 견해 속에 갇혀 지내 온 것이다. 의심을 몰아내는 해명 작업은 상호 보완적인 여러 수준에서 이루어진다. 법적 수준이 그중에서도 가장 첫 번째다.

합법과 불법

세상 모든 나라에는 법이 있지만 심리 조종자들은 그 법이 자기들에겐 상관없는 것처럼 군다. 마치 그들에게 (자기들의 이해관계에 영합하는) 자기들만의 법이 있어서 그 법을 지키지 않는 사람은 자기들이 마음대로 벌을 줄 수 있지만 정작 자기들은 어떤 심판도 받지 않는다는 듯이 구는 것이다! 그들은 자기가 법의 심판을 받는 것을 이해 못하며 앙심까지 품는다. 예를 들어 아내를 때리는 행동은 아무렇지도 않게 하면서 이혼은 범죄처럼 여긴다.

이런 태도는 다음과 같이 설명된다. 심리 조종자의 사고방식은 유아적이어서 쉬는 시간에 무슨 짓을 하든지 담임선생님에게 들키지만 않으면 그만이다. 자기를 비난하는 사람은 비겁한 고자질쟁이, 아부쟁이로밖에 안 보인다. 하지만 그 자신은 기회만 있으면 담임선생님에게 당신을 흉볼 것이다. 만약 당신이 그에게 법적 잣대를 들이댔다면 그는 당신에게 괜한 자기 의심을 불러일으킬 것이다. '내가 고소까지 할 필요는 없지 않았을까? 내가 이기적인 깍쟁이는 아닐까? 내가 그를 해치려고

이러나?'

심리 조종자의 분노에 흔들리지 마라. 그가 사회의 규칙을 체득하지 못했다는 이유로 당신이 피해를 감수할 필요는 없다. 법이 제 기능을 다하여 시민을(이 경우에는 바로 당신을) 보호하게 해라. 잊지 마라. 법대로 하지 않으면 결국에 가서는 후회하게 된다. 이혼만 해도 감지덕지라는 생각으로 빈손으로 떠났던 사람들이 5년쯤 지나면 땅을 치고 후회한다!

회사 내 정신적 괴롭힘의 피해자라면, 자신의 업무 성격을 서면으로 재정의하고 자기가 마땅히 책임져야 할 일과 그렇지 않은 일의 목록을 작성하자. "말은 사라지지만 글은 남는다."는 얘기는 누구나 들어 보았을 것이다. 하지만 심리 조종의 피해자 가운데 서면계약서 작성을 요구하거나 서로 주고받은 메시지를 흔적으로 남겨 둘 만큼 신중한 사람은 드물다. 심지어 피해자는 진즉에 이런 상황을 대비하지 그랬느냐는 지적에 충격을 받기도 한다.

하지만 법도 증거가 없는 사람의 손을 들어 줄 수는 없다. 얼마나 다행인가! 만약 말에만 의존해서 심판을 한다면 심리 조종자의 번지르르하고 매력적인 입담이 늘 승리를 거두지 않겠는가! 그러니 증거를 마련하기 위해서라도 심리 조종자와의 대화 내용을 서면으로 남기기 바란다.

가령 업무수행평가에서 "시간 감각이 부족함"이라는 지적을 받았다 치자. 이 지적이 틀렸다고 생각되면 말로만 따지지 말고 우편이나 이메일을 통해 반박해라. 증거는 대부분의 사람들이 생각하는 것보다 훨씬 쉽게 마련할 수 있다. 몇 분 정도 시간을 내어 이메일을 작성하면 그만이다. 대단히 거창한 글을 쓸 필요는 없다. "오늘 우리가 나눈 이야기에서 그 결정(지적, 목표 설정 등)에 동의함/동의하지 않음을 다시 한 번 말씀드립니다. 아무개 드림." 단, 괴롭힘을 당하는 입장이라면 순진하게 굴다가 낭패를 볼 수도 있다. 서면으로 작성한 당신의 근무시간표를 일방적으로 구두로 바꿔 버려서 골탕을 먹이는 일도 충분히 있을 수 있다.

'법을 무시해도 되는 사람은 없다'지만, 한숨이 날 만큼 이 말이 무색하게 느껴질 때가 있다. 그래도 법은 당신이 정신박약이나 치매 환자가 아닌 이상 "몰라서 그랬어요."라는 변명을 들어주지 않는다. 그러니 당신이 몸담고 있는 모든 영역에서 당신의 권리가 어떤 것들인지 공부하고 알아 두어라. 굳이 법조인을 만나지 않더라도 그 정도는 할 수 있을 것이다. 법률 상식을 가르쳐 주고 무료 법률 상담을 해 주는 곳들도 많다.

어쨌든 항상 신중하기 바란다. 법의 문제는 법 그 자체, 법의 억압적인 면에서 비롯된다기보다는 법이 우리를 보호하기 위해 존재하고 있지만 최후의 수단이 될 수도 있다는 의식의 결여에서 비롯된다. 법의 보호를 받을 생각을 전혀 하지 않다가는 나중에 씁쓸한 환멸을 느끼게 될지도 모른다.

심리 조종의 피해자들은 가끔 이해하기 어려울 정도로 순진하다. "아니에요. 그런 사람 아니에요!" 그러다 어느 날 문득 '그런 사람' 아니라고 여겼던 배우자가 양심도 없이 법의 사각지대를 파고들어 그들을 속인다. 심리 조종자의 분노가 두렵다면 차분하게 이 말을 되뇌기 바란다. '법대로만 하자. 그 이상도, 그 이하도 아니고 딱 법대로만 하자.'

합법적인 것과 불법적인 것을 명확히 구분할 수 있을 때에 스스로를 보호할 수 있다. 일단 법이라는 기본적 틀을 파악하고 존중하게 되었다면, 이제 또 다른 수준의 해명 작업으로 넘어가자.

허용할 수 있는 것과 없는 것

남에게 휘둘리고 조종당하는 사람들은 대부분 허용해선 안 될 것들을 아무 생각 없이 허용한다. 이런 부분에 있어서 그들의 의식 수준은 매우 낮다. 생각과 행동의 자유를 믿고 싶어 하는 그들은 나중에 가서 자신을 정당화하기 바쁘다. 그들은 또한 자기의 수동성을 정당화하기 위해 중요한 일을 반사적으로 과소평가하거나 아무렇지도 않은 일처럼 넘긴다. 이것이 바로 합리화, 자기 자신을 속이는 기술이다.

어떤 사람이 심리 조종자의 문제 있는 논리에 휘둘리고 있다면 'y가 있으므로 x가 일어났다'라는 식으로 애먼 일들을 두고 억지로 인과관계를 만들게 된다.

그 사람은 불행하기 때문에 심술을 부리는 것이다.

그 사람은 일자리를 잃은 다음부터 나를 때린다.

그 사람은 내가 여러모로 부족하니까 좀 더 나은 사람을 만들어 보겠다고 잔소리를 하고 흉도 본다.

슬럼가 젊은이들은 그들의 불행을 표현하기 위해 자동차에 불을 지른다.

정신을 차리고 보면, 이러한 합리화 현상은 부조리하다. 이 추론대로라면 불행하게 사는 사람들은 모두 심술을 부려야 하고, 남의 차에 불을 지르면 마음이 편해져야 하며, 쉴 새 없이 잔소리를 하고 흠을 보면 상대가 좀 더 자신감을 갖고 좋은 모습을 보이게 되며, 아내를 때리면 일자리가 생겨야 한다.

특정 행동들에 대해서는 거리를 두고 용납할 수 없음을 분명히 표현해야 한다. '사람은 사람이고 행동은 행동'이라는 구분을 명확하게 하지 못한다면 문제가 된다. 사람들은 용납할 수 없는 행동을 누가 했느냐에 따라 상대를 용서하거나 이해하려고 애쓴다. 주위 사람들조차도 그래야 한다는 식으로 말한다. "네가 좀 이해해라. 네가 그 애 입장이라고 생각해 봐."

하지만 아무리 딱한 이유가 있더라도 용납할 수 없는 행동이 있는 법이다. 이해가 곧 용서나 허용을 뜻하지는 않는다. 사람이라면 누구나 이해와 공감을 얻을 자격이 있지만 사람의 행동 가운데 어떤 것은 결코 용인되거나 동의를 얻어서는 안 된다.

남편의 언어폭력에 시달리는 아내가 상담을 받으러 온 적이 있다. 남편은 그녀에게 욕설을 퍼붓고 고함을 치며 애꿎은 화풀이를 몇 시간이나 하곤 했다. 때로는 곤히 자는 사람을 한밤중에 깨워서 괴롭히기까지 했다. 아내는 진이 빠질 대로 빠져 무너지기 일보 직전이었다.

나는 그녀에게 물었다. "남편이 신체적 폭력을 휘두른 적도 있나요?" 아내는 펄쩍 뛰며 단호하게 대구했다. "폭력이라니요! 어머, 절대 아니에요! 그 사람이 내 머리카락 한 올이라도 건드렸다면 벌써 헤어졌게요!" 그러니까 그 남편은 아내를 바보, 뚱보, 미친년, 개 같은 년이라고 부르면서도 폭력은 자제할 줄 아는 사람이었다.

명심해라. 심리 조종자가 막되게 행동하는 것 같아도 당신이 봐주는 선까지만 그러지, 절대 그 이상으로 넘어가지 않는다. 그는 딱 당신의 한계까지만 행패를 부리기 때문에 그 한계를 정하는 것은 당신 몫이다. 당신이 확고하게 "이봐, 거기까지야!"라고 한다면 그는 그 선에서 멈출 것이다.

당신이 결코 용납하지 말아야 할 행동 목록을 여기에 소개한다. 상대의 행동을 분별하는 데 도움이 될 것이다.

- 다른 사람의 심신의 온전함을 침해하는 행동: 특히 신체폭력과 언어폭력은 법적으로 처벌받는다. 그런 행동은 개인이 처벌의 수단으로 사용할 수 있는 게 아니다. 아무도 다른 사람을 처벌할 수 없다.
- 위법 행위: 법을 위반하는 행동을 묵인하거나 도와주어서는 안 된다.
- 기본적인 안전 수칙을 무시하는 행위: 이것은 위험을 방조하는 행위요, 심리 조종자들의 특기이기도 하다. 부분적으로는 그들이 워낙 미성숙하기 때문에, 또 부분적으로는 불장난을 좋아하고 은근히 재앙을 기대하는 습성 때문에 위험이 발생할 여지를 고의로 남겨 두는

것이다. 그들이 위험하지 않다고 잡아떼더라도 그냥 넘어가지 마라. 마땅한 보호책을 당당하게 요구해라.

- 인간에 대한 존중과 경외감 결여: 종교를 욕보이는 충격적인 행동만 두고 하는 말이 아니다. 다른 사람이 특히 귀중하게 여기는 가치를 조롱하거나 아끼는 물건을 망가뜨리는 행위도 신성모독이나 다름없으니 용납해선 안 된다. 단호한 입장을 보여야 한다.

- 위생 및 건강에 대한 개념 결여: 심리 조종자들이 매우 미성숙한 족속이라는 얘기는 여러 차례 했다. 그들은 위생, 정리, 질서, 청결에 대한 개념이 크게 결여되어 있는 경우가 많다. 위험하고 불결한 근무 환경에서 일할 것을 강요하는 회사, 배우자가 아픈데도 병원에 데려가지 않는 사람은 문제가 있다. 그 외에도 나의 건강을 해치는 일을 강요하는 행위는 절대 허용하지 않아야 한다.

- 공동생활의 규칙을 무시하는 행위: 심리 조종자들은 자기가 법과 상관없는 특별한 존재인 양 생각하고 특권을 누리려 한다. 남에게는 규칙을 일깨우면서 자기는 가볍게 규칙을 무시한다. 절대로 그들에게 그러한 특권을 허용하지 마라.

- 전능함의 환상을 부추길 수 있는 모든 행위: 입안의 혀처럼 그들 마음대로 착착 움직여 주는 사람이 되어선 안 된다. 그들의 요구와 바람을 100퍼센트 만족시키려고 애쓰지 마라. 뭐, 어차피 그건 불가능한 일이다! 당신이 노력할수록 그들의 광기가 더 심각해진다는 이 단순한 사실만을 기억해라.

외부인의 시선으로 보면 허용할 수 없는 행동을 식별하기가 더 쉽다.

넬리는 전 남자 친구에게 정신적 괴롭힘을 당하고 있다고 털어놓았다. 그 남자는 넬리를 미행하고, 갑자기 찾아와 문을 마구 두드리고, 한밤중에 전화를 걸었다. "경찰에 신고했어요?" 하고 물었더니, 넬리는 어떻게 그런 말을 하느냐는 듯이 펄펄 뛰었다. "어떻게 신고를 해요! 자식이 둘이나 있는 남자예요!"

합리화를 잘 보여 주는 예다. 그 남자에게 자식이 둘이 있든 셋이 있든, 이미 헤어진 여자 친구를 괴롭혀도 괜찮을 이유는 아니지 않은가. 하지만 넬리는 그 집 아이들에게 피해가 가면 안 된다는 말만 되풀이했다. 그래서 나는 넬리에게 다시 물었다. "넬리, 제일 친한 친구가 당신 같은 처지에 있다면 뭐라고 조언할 거예요?" 넬리는 이 말에 놀라더니 단호한 어조로 대답했다. "경찰에 신고하라고 하겠죠!" 그렇다. 만약 당신과 제일 친한 친구가 당신과 똑같은 일을 당하고 있다면 그냥 참고 살라고 말할 수 있겠는가.

어뗘어뗘한 행위는 용납하지 않겠다고 강경하게 말하자마자 심리 조종자가 너무 쉽게 항복을 하기도 한다. 하지만 그들의 약속은 시간을 벌려는 구실이고, 행동의 변화는 언제고 자신의 지배력을 재확립하려는 아주 잠깐의 허울일 뿐이니 경계를 늦추지 마라.

소니아가 집을 나와 새 아파트로 이사를 하자 알랭은 드디어 알코올 중독치료센터에 들어갔다. 소니아가 술을 끊으라고 애원하던 25년 내내 아무 변화 없던 그가 갑자기 결심을 한 것이다.

이 같은 급선회가 가증스러워 보일 수도 있건만 소니아는 되레 죄책
감을 느꼈다. 알랭은 치료센터에서 나와서도 울며불며 매달렸다. 이제
알랭은 소니아가 바라던 남편의 모습 그대로 행동하고 있었다. 결국 소
니아는 남편과 다시 살기 위해 집으로 들어갔다. 충분히 예상 가능한
일이었다는 듯, 알랭은 소니아가 아파트를 정리하고 돌아오자마자 다
시 술을 마셨다.

마땅한 것과 불의한 것

정의와 불의 개념은 앞에서 보았던 합법과 불법, 허용되는 것과 허용
되지 않는 것이라는 개념들에서 한 발짝 나아가 해명 작업을 보완해 준
다. 우리는 종종 부당한 상황을 "허용할 수 없는 것은 아니"라는 이유
로 그냥 받아들이곤 한다.

4인 가족의 예를 들어 보자. 아버지는 소파에 앉아서 텔레비전 뉴스
를 보고 있다. 두 아이는 자기네 방에서 비디오게임에 열을 올리는 중이
다. 어머니는 회사에서 돌아오자마자 주방에서 저녁 식사를 준비한다.
이 평범한 가정생활의 한 장면에서 불법적이거나 허용할 수 없는 부분
은 전혀 없다.

그런데 상황을 다음과 같은 식으로 소개해 보겠다. 4인 가족은 모두
사지 멀쩡하고 건강하다. 그중 세 사람은 자기가 하고 싶은 일을 하면
서 편히 쉬는데, 어머니 혼자서 가족 모두를 위해 일하고 있다. 이 상황
이 정당한가? 물론 못된 남편들은 트집을 잡을 수도 있다. "아니, 요리

가 어때서요? 요리도 재미있잖아요!"

그렇지 않다. 그렇게 생각하고 싶지 않은 사람들은 많겠지만, 이 상황은 부당하다. 아무리 어머니가 마음에서 우러나와 식사 준비를 한다고 해도 그렇다. 자신이 받는 것 이상으로 베풀기만 한다는 사실에 대한 불만은 그녀 자신도 모르게 조금씩 누적될 것이다. 그러한 좌절이 조금씩 그녀와 가족들의 관계를 좀먹는다. 어머니는 화를 잘 내고 불평이 많은 사람이 되어, 남편과 아이들이 이기적이고 게으르다고 흉을 보거나 잔소리를 하는 일이 늘 것이다. 다른 가족들은 그녀에게 짜증이 늘 것이며 자기들의 수동적 태도를 정당화하기 위해서 "엄마는 원래 그런 사람"이라는 핑계를 들 것이다.

'가족을 위해 요리하는 것은 즐거운 일'이라고 조건화되었거나 그것이 자기 의무라고 생각하기 때문에 묵묵히 참고 갈등을 회피할 때마다 그 회피는 무의식의 장부에 기입된다. 사실, 공짜는 없다. 너무 많이 주기만 하면서 사는 사람들 중에는 언젠가 그만큼 받게 될 거라고 은밀하게 희망을 품은 이도 많다.

따라서 '분명한 사실'만을 보라고 말하고 싶다. 심리 조종자가 가장 좋은 부분을 차지하고 있다면 더욱더 그렇다. 당신과 그의 암묵적인 계약서에 당신은 주기만 하고 그는 받기만 하기로 약정되어 있는 것이다. 그는 당신을 위해 아주 조금 애써 준 걸로 생색을 낼 줄 안다. 5년 전에 한 번 도와준 일을 가지고 기회가 될 때마다 우려먹는 그 사람 때문에 당신은 아직도 그 빚을 다 갚지 못했다는 느낌이 들 수 있다.

객관성을 되찾고 사태를 명확하게 보라. 실제로 주는 사람은 누구이고 받는 사람은 누구인가? 당신의 심리를 조종하는 그 사람은 어떤 수법으로 신세를 갚아야 한다는 느낌을 주는가? 당신이 준 것 이상으로 받은 것이 많다는 느낌이 드는 이유가 어디에 있는 것 같은가?

욕구와 바람에 귀 기울여라

"당신이 원하는 게 뭡니까?" 지배 관계에 놓인 사람들은 이런 질문을 받을 때 자신의 기준에서 출발하여 답을 내놓지 못하는 경우가 많다. 그들은 심리 조종자의 욕구, 바람, 신념을 기준 삼아 대답하곤 한다. 그들을 좀 더 몰아세워 본다. "외적 제약을 하나도 생각하지 않고, 오로지 당신 자신이 바라는 것만 생각한다면 정말 마음에서 우러나 간절히 원하는 게 뭡니까?" 그러면 처음에 나왔어야 했을 답이 갑자기 나온다. "아, 오로지 나만 생각한다면 …를 하고 싶지요." 하지만 그들은 스스로의 대답에 불안해하며 얼른 부연 설명을 하기 바쁘다. "하지만 난 그럴 수 없어요. 왜냐하면…."

실제로 교육의 많은 부분이 주로 '자신의 소리를 듣지 않는 법', '자기를 억제하는 법', '나보다 남을 먼저 생각하는 법', '다른 사람의 기대에 부응하는 법'을 가르치고 있다. 이러한 문제가 현대인을 심리 조종에 더욱 취약하게 만든다.

때로는 자신의 단순한 욕구, 생리적 욕구를 이해하고 존중하는 법을 다시 배우는 것이 자기계발 그 자체가 되기도 한다. 마시고, 먹고, 자고,

사람 사는 정을 느끼고, 안전하게 보호받고 싶은 욕구 말이다. 또 사람에게는 조용히 지내고 싶은 욕구, 혼자 있고 싶은 욕구도 있다. 그런데 심리 조종자들은 이러한 욕구를 부정한다. 그 때문에 그들의 주변인까지도 오랜 세월에 걸쳐 자기 욕구를 부정하는 법을 배운다.

모든 인간에게는 심리적 욕구가 있다. 지배 관계는 이러한 욕구를 고려하기는커녕 심리 조종자의 입맛에 맞게 왜곡하거나 이용해 먹기 바쁘다. 정서적 안정, 격려, 자기 자신이 중요하고 쓸모 있는 존재라는 생각…, 이 모든 것이 그러한 심리적 욕구다. 그러나 지배 관계에서는 이 중요하고도 고귀한 욕구를 존중받지 못한다. 다른 사람 아닌 바로 당신이 반응적 태도에서 적극적 태도로 나아가 이 욕구를 책임져야 한다. 나는 무엇을 원하고 필요로 하는가? 나는 어떻게 해야 그것을 가질 수 있는가?

직관의 힘을 믿어라

직관은 당신의 가장 좋은 친구다. 당신이 이미 그 사실을 알아차렸는지도 모르겠지만, 직관은 결코 배신하거나 거짓말하지 않는다.

남에게 조종당해 본 경험이 있는 사람들은 입을 모아 말할 것이다. 처음부터 그들의 머릿속엔 "이건 아니"라는 경보가 울려 퍼졌다. 그들의 직관은 분명히 말했다. "안 돼. 이러면 안 돼!" 그런데 그들은 직관을 무시했다. 배신은 가슴이 아니라 머리에서 이루어진다. 우리가 자기 자신을 속일 때는 데이터를 분석하거나 계산할 때다. 따라서 '마음속의 목소리'를 듣는 법을 다시 배워야 한다.

그러나 그걸 배우기가 쉽지 않다. 직관은 듣기 좋은 표현이나 수사법에 얽매이지 않는다. 직관은 더없이 명백한 것을 들이밀듯 갑작스럽게 "이 직장을 그만둬야 해." 혹은 "저 남자는 네 아이들의 아버지가 될 수 없어."라고 말할 뿐, 형식에 구애받지 않는다.

직관에 귀 기울이지 않고 의심이나 머리로만 하는 생각에 너무 많은 시간을 흘려보내면 자연스럽게 자신의 길에서 멀어지게 마련이고, 결국 나중에 힘들여 바로잡아야 할 일만 늘어난다. 그래서 겨우 다시 마음의 소리를 듣기 시작하면, 그때에는 옳다고 생각하는 방향과 현실의 차이가 이미 너무 커져 있기에 애꿎은 직관을 탓하게 된다. 직관을 따르자니 전부 다 고치지 않으면 안 되게 됐으니까.

당분간은 자기 내면의 소리와 외적 현실이 완전히 괴리되어 있더라도 하는 수 없다. 좌절에 빠져 또다시 직관을 무시하기보다는 가만히 직관이 하는 말을 기록해 두고, 간격을 받아들이며, 현실을 관찰하고, 자신의 직관에게 이렇게 속삭여 보라. '난 네가 한 말을 꼭 실천할 거야. 당분간은 네가 하라는 것을 다 실천할 수는 없지만 앞으로 꼭 그렇게 되게 할 거야. 내가 이 변화를 서서히 만들어 나가는 데 도움이 될 조언을 좀 해 주라. 잘 새겨들을게.'

이제 당신은 머릿속 생각을 정리하고 분별할 도구를 갖추었다. 각 상황을 그 도구에 비추어 보아라. 합법적인가, 불법적인가? 허용해도 되는가, 허용할 수 없는가? 정당한가, 부당한가? 나의 욕구와 바람에 부합하는가? 직관적으로 마음에 걸리는 부분은 없는가? 이런 방식으로 당신에게 주어진 상황과 조건을 명쾌하게 정리하고, 더불어 당신의 두려움을 치료해야 할 것이다.

두려움에서 벗어나
자신감 찾는 법

우리는 이제 심리 조종자들이 두려움으로 장사를 한다는 것을 안다. 그러니 그들과의 거래를 끊어라. 그들이 행사할 수 있는 유일한 권력이 두려움이다. 심리 조종의 피해자는 불쌍해서 그랬다거나 미안해서 그랬다고 말하지만, 그러한 연민이나 죄의식도 따지고 보면 나쁜 사람, 못된 사람, 잔인한 사람으로 오해받을지 모른다는 두려움과 다르지 않다. 다시 말해, 그러한 감정도 두려움의 한 종류다.

우리가 두려움과 정면으로 부딪힐 용기를 내는 날, 심리 조종자는 완전히 꼬리를 내릴 것이다. 두려움에서 벗어나기 위한 핵심 지침들을 소개하자면 다음과 같다.

기만 없이, 과장 없이

여러분은 이 책을 읽으면서 지배의 상황을 과장하지 않고 있는 그대로 냉정하게 보아 왔다. 계속 이런 식으로 충분한 거리를 두고 심리 조종자가 상황을 극적으로 연출하는 모습을 관찰해라. 청산유수처럼 쏟아져 나오는 대사, 괜히 휘둥그레 뜬 눈, 연극적인 말투…. 이제 그런 꼴을 보아도 어깨만 한 번 으쓱하게 될 것이다.

심리 조종자에겐 뭐든지 심각하고, 뭐든지 위험하고, 뭐든지 세상에 있을 수 없는 끔찍한 일이다! 이제 더는 넘어가 주지 마라. 가끔씩 당신이 상대하는 심리 조종자를 못되고 철없는 어린아이의 모습으로 떠올려 보라.

독촉과 압박에 넘어가지 않는 법

독촉과 압박에 넘어가지 않으려면 따라야 할 행동 지침이 있다. 심리 조종자에게 답을 주기 전에 24시간은 당신 혼자 생각해 보자. 여기에 결정을 바꿀 수 있는 최종 기한을 6시간 더 둔다.

심리 조종자는 항상 최후의 순간까지 기다렸다가 갑자기 요구를 들이밀고 지금 당장 답을 달라고 조른다. 그런 식으로 상대를 말도 안 되게 압박하면서 상대가 거절하면 불같이 화를 낸다. 그러니 당신은 이러한 압박에 넘어가지 말고 자기 페이스에 맞게 대답해라. "그래, 네가 뭘 요구하는지는 충분히 알았어. 그럼 나도 생각해 보고 내일쯤 전화할게." 여러분을 조종하고 싶어 하는 그 사람은 노발대발할 것이다!

처음에는 이런 식으로 딱 부러지게 말하기가 힘들 것이다. 그러면 핑계를 만들어 우물쭈물하든가, 정 안 되겠으면 거짓말이라도 해라. "다이어리를 보고 일정을 확인해야 해. 어쨌든 웬만하면 내가 같이 가 줄게."라든가 "그날은 누구한테 허락을 받아야 해서, 내가 혹시 시간을 뺄 수 있으면 꼭 해 줄게."라든가. 시간을 버는 것이 핵심이다. 냉정하게 검토하고, 다른 사람에게 휘둘리지 않고 스스로 결정을 내리고, 어떤 식으로 거절할지 대비하려면 충분한 시간이 필요하다.

그러다가 자신감이 조금 붙으면 가차 없이, 확실하게 거절하는 연습을 해라. "좀 더 일찍 얘기를 했어야지!"라고 오히려 핀잔을 주는 것이다. 함정 질문에 조심해라. 당신의 심리 조종자가 은근하게 "이번 주말에 뭐해?"라고 물어보면 절대로 "아무 일정 없는데."라거나 "특별한 약속은 없는데."라고 대답하지 마라. 상대는 그 시간을 자기가 차지하려고 할 것이다. 늘 빠져나갈 구멍을 만들어 두는 습관을 들여라. "아직은 잘 모르겠어. 몇 가지 생각해 둔 일이 있는데 지금 정확하게 말하긴 좀 그래. 그런데 왜 물어?"

앞에서도 말했지만, 24시간 생각을 하고서도 결정을 바꿀 시한을 6시간 더 두자. 심리 조종자는 쓸데없는 부수적 정보로 당신의 작업기억을 포화 상태로 만들어 놓고, 당신이 심사숙고했더라면 결코 내리지 않았을 결정을 어이없이 얻어 낼 수도 있다. 언뜻 생각해 보건대, 결정을 뒤집으면 문제가 될 것 같다. 하지만 결정을 뒤집는 건 자연스러운 일이다. 아주 평범하고 흔한 상황을 예로 들어 보자.

소피는 시내에서 친구 파트리시아를 우연히 만났다. 두 사람은 아주 오랜만에 만난 터라 나중에 따로 만나고 싶었다. 그래서 목요일에 두 사람의 직장에서 가깝고 분위기 좋은 식당에서 점심을 먹자며 약속을 잡았다. 소피는 파트리시아와 헤어지고 나서 목요일에 다시 만나 신나게 수다를 떨 생각에 즐거워하다가, 문득 그날 그 시각에 치과에 예약을 해 둔 일이 생각났다. 어떻게 할까? 소피는 즉시 파트리시아에게 전화를 걸어 선약이 있었는데 깜박했다고, 미안하지만 약속을 다음 주 화요일로 미루면 안 되겠느냐고 했다.

이러한 상황에서는 만남의 기쁨이 조금 뒤로 미루어졌을 뿐이다. 어쩔 수 없는 일이다. 별것 아닌 일이다. 정상적인 사람이라면 이렇게 약속을 다시 잡더라도 이해하고 받아들인다. 당신이 일부러 꼼수를 쓰는 것만 아니라면 상대도 "실수할 수도 있지." "깜박 잊을 수도 있지." "피곤할 수도 있지." "마감 때문에 바쁘면 그럴 수도 있지." "자동차가 고장 날 수도 있지." "감기에 걸릴 수도 있지."라고 이해해 준다.

그런데 심리 조종자를 상대할 때에는 그렇지가 않다! 그는 당신을 꽉 움켜쥐고 흔들려고 하는 사람이기 때문에 그러한 변경 사항들이 성가시다. 만약 파트리시아가 심리 조종자라면 약속을 변경하자는 소피의 전화에 몹시 심기가 불편할 것이다. 그녀는 냉담하게 전화를 받으며 자기가 소피의 일정에 맞춰야 한다는 사실을 달갑지 않게 여길 것이고, 소피도 마음이 불편하기도 하고 파트리시아에게 미안하기도 하고 그럴 것이다.

자, 바로 그렇기 때문에 당신은 자신의 결정을 뒤집을 수 있는 시한을 6시간 두어야 한다. 상대가 당신의 심리를 조종하려는 마음이 없고 자기에게 별 지장이 없다면 당신이 결정을 뒤집는다 해도 마음을 쓰지 않을 것이다. 하지만 그 사람이 당신의 심리를 조종하려는 사람이라면 그런 일로도 자신의 영향력이 흔들리는 것은 아닐까 불안해할 것이다.

기다림의 지연, 급작스러운 계획의 변경, '똥개 훈련'이야말로 심리 조종자들이 우리의 복종을 확인하기 위해 즐겨 써먹는 주특기다. 우리를 개 끌고 다니듯 하면서 말을 얼마나 잘 듣나 시험해 보기 위해 이랬다저랬다 한다. "그쪽으로 가면 혼내 줄 거야… 자, 이렇게 하라고 했으면 이렇게 해야지… 아, 그렇다면 이제 딱 2분을 주겠어…." 그렇기 때문에 당신이 일단 승인을 하고 난 후에라도 그동안 숨겨져 있던 사항들이 드러나면 바로 등 돌리는 법도 배워야 한다. 당신이 처음에 약속을 했을 때에는 이런 조건이 아니었다고 분명히 말하자. "나는 ~를 하러 온 게 아니라 ~를 하러 온 겁니다. 처음에 약속한 대로 업무를 시키시든가, 그게 안 된다면 이만 가 보겠습니다!"

내가 진짜 두려운 것이 뭔지 파악하라

심리 조종자가 막연하게 위협을 하거나 애매하게 보복을 암시함으로써 우리의 상상력에 불을 지핀다. 그러니 자신의 두려움을 직시하고 스스로 이렇게 물어보라. "구체적으로 나에게 일어날 수 있는 최악의 일은 뭘까?"

그러면 머릿속으로 구상한 이런저런 시나리오들이 오히려 두려움을 키웠다는 것을 알 수 있다. 그중 어떤 시나리오들은 매우 과장되었고, 또 어떤 시나리오들은 부분적으로 혹은 온전히 객관적일 것이다. 당신은 그런 식으로 이성적인 두려움과 비이성적인 두려움을 구별할 수 있다. 예를 들어 전남편이 애들을 빼앗아 갈 거라는 두려움은 이성적인가? 정말로 회사에서 잘릴 가능성이 있는가? 이 사업을 정리하면 정말로 곤란해지는 점이 무엇인가?

이성적인 두려움에 대해서는 당신의 두려움이 이성적으로 타당하다면 위험을 자각하고 대책을 강구해야 한다. 심리 조종에 휘둘리는 사람은 참으로 대책이 없다. 그들은 자기를 조종하는 사람만 싸고돌게끔 조건화되어 있기 때문에 자기보호 본능이 약화되어 있다. 스톡홀름 증후군의 경우, 피해자는 가해자를 힘없는 희생양으로 여기고 가해자와 가해자의 이미지를 최우선으로 보호해야 한다고 믿는다.

가끔은 이성적인 두려움이 그저 새로운 상황에서 비롯될 때도 있다. 자기가 잘 모르는 것, 낯선 것에 두려움을 느끼는 것은 정상이다. 이 경우에는 일단 시간을 들여 충분한 정보를 확보해야만 그 새로운 것을 길들이거나 감당할 수 있을지 어느 정도 감이 온다.

신체적, 법적, 정신적으로 자신을 보호할 권리를 행사하고 그러한 보호 수단들을 습득해야 한다. 정당방어는 범죄가 아니다. 폭력적인 사람을 상대할 때에는 구체적이고 객관적인 자기보호책이 필요하다. 죽을지도 모른다는 두려움은 결코 헛것이 아니다. 프랑스에서는 매년 700

명의 여성이 배우자나 남자 친구의 폭력으로 사망하고 있다. 자신이 두려워하는 것들의 경중과 우선순위를 따져 정리할 필요가 있다. 가장 우선해야 할 두려움은 무엇인가? 그 사람에게 밉보여서 더 이상 사랑받지 못하는 두려움과 그 사람에게 맞아 죽을지도 모른다는 두려움 중에서 무엇을 더 먼저 생각해야 하나?

조심하자. 당신의 심리 조종자는 틀림없이 당신 주위에서 사람들이 떠나게 손을 써 놓았을 것이다. 행동에 나서기 전에 먼저 믿을 만하고 도움이 될 만한 사람들과 접촉하고 피할 만한 장소를 마련해 두자. 심리 조종자가 잠재적으로 위험한 인물이라면 상대에게 알리지 말고 바로 법적 조치를 밟고 앞으로의 추진 계획을 잘 세워 두자. 이 경우에는 폭력적 위험이 악화될 여지가 있기 때문에 자기주장이나 조종에 거스르는 태도를 피하는 것이 좋다.

비이성적인 두려움에 대해서는 당신의 두려움이 이성적인 것이 아니라면 그 두려움을 상대적으로 낮추고 다스릴 수 있다. 그러한 두려움은 중간을 잘라먹은 논리, 성급한 결론, 의심스러운 인과관계, 뒤죽박죽 혼란스러운 생각에서 비롯된 생각의 바이러스일 뿐이다. 예를 들어 "거절하면 저 사람이 날 좋아하지 않을 거야."라든가 "내 의견을 이야기하면 화를 내겠지."라는 두려움들이 그렇다.

걱정도 생각에 지나지 않는다. 우리가 걱정하는 일의 90퍼센트는 실제로 일어나지 않는다. 최악의 사태는 대개 우리 머릿속에서만 일어난다. 그러나 언제나 충분한 거리를 두고 불안과 걱정을 다스릴 수 있는 것은 아니다. 도움을 청하기를 주저하지 마라. 두려움에 대한 상담과 치료를 통해 진짜 위험에 대해서는 보호를 받고 비이성적인 두려움은 물리칠 수 있다.

자신의 비겁함을 제대로 마주하자 　우리는 가끔 자신의 수동적 태도를 변명하기 위해 이런저런 이야기를 지어낸다. 하지만 어느 선까지 그럴 수 있을까? 자신의 정신건강이 달려 있는 상황에서 현 상태를 어떻게 변명한단 말인가? 언제까지 유해한 인간이 내 인생을 송두리째 파괴하는 꼴을 보고만 있을 건가? 폭력을 휘두르는 남편과 살면서 정말로 내 아이들을 보호하고 있다고 말할 수 있을까?

"직업도 없고 돈도 없고 갈 곳도 없어서 어쩔 수가 없었습니다."라고 변명하는 여자가 있다고 치자. 하지만 그녀는 "지금부터 직장을 구하고 나를 도와줄 수 있는 복지기관을 알아보고 조금씩 저축도 할 거예요."라고 말할 수도 있을 것이다. 모든 문제에는 해결책이 있다. 용기는 두려움을 모르는 것이 아니라 두려움을 무릅쓰고 나아갈 줄 아는 것이다.

심리 조종자의 보복이 두렵다면

당신이 지배를 벗어나려 하면 심리 조종자는 자기가 사용해 왔던 실들을 더 세게 잡아당길 것이다. 직전까지는 통했던 방법들을 시험해 보면서 우스꽝스러운 꼴을 보일 것이다. 두려움을 조장하는 방법이 지금껏 잘 먹혔다면 더욱더 위협하고 억박지를 테고, 살살 꼬드기는 방법이 잘 통했다면 더욱더 환심을 사려 들 것이며, 동정심을 자극하는 방법이 통했다면 더욱더 자신의 불행을 연극적으로 표현할 것이다. 그러다 기존의 방법들이 통하지 않으면 그는 유혹자, 피해자, 교도관, 구원자라는 네 가지 얼굴을 차례차례 바꿔 가며 시험할 것이다. 이러한 노력에도 당신이 넘어가지 않으면 심리 조종자는 강요와 통제를 더욱 노골화한다. 이 정도까지 왔으면 거의 다 이겼다고 봐야 한다. 이제 그쪽에서 무슨 수를 쓰든 통하지 않을 테니까.

이러한 변화의 초기에는 심리 조종자가 당신을 몹시 미워하고 보복을 하려 들 것이다. 하지만 당신이 스스로를 보호할 줄만 안다면 그러한 보복은 허사로 돌아갈 것이다. 왜냐하면 이제 여러분이 심리 조종자를 두려워하는 게 아니라, 심리 조종자가 여러분을 겁내기 시작하고 그쪽에서 알아서 피하고 싶을 것이기 때문이다. 하지만 그 전에 지배 관계에서 빠져나가려는 당신에게 자질구레한 보복들이 기다리고 있을지 모른다. 이 점을 명심해라. 그가 쥔 유일한 무기는 당신의 두려움, 당신 자신의 무방비뿐이다. 심리 조종자는 조종의 여지를 남겨 줄 때에만 위험하다. 자신을 보호해라. 그들에겐 어디까지 농간을 부려도 무사할 것같고 어느 선은 넘으면 안 된다는 것을 기막히게 감지하는 안테나가 있다. 그들은 당신이 허용하는 선까지만 행패를 부린다.

죄의식은 처음부터
당신 것이 아니었다

죄의식은 인간을 사회화하는 효용이 있다. 죄책감은 좋지 않은 행동과 다른 사람에 대한 책임감의 의미를 자각하게 한다. 그런데 죄의식에는 두 종류가 있다. 금지를 위반했을 때의 죄의식과 과도한 책임을 떠안은 경우의 죄의식은 엄연히 다르다.

금지를 위반했을 때의 죄의식

금지를 위반한 사람은 '나쁜' 짓을 했다는 죄의식을 느낀다. 또 법을 위반하는 것은 물론이고 다른 사람의 정신과 신체와 소유를 침해하면 안 된다는 금지는 마땅히 존중해야 한다. 이러한 금지를 위반했을 때에 느끼는 죄의식은 사회적 삶의 근간이기 때문에 계속 유지되어야 한다. 하지만 심리 조종자는 금지에 대한 위반을 과장함으로써 당신이 항상 죄의식을 느끼도록 조장하는 경향이 있다.

이중 제약 죄의식은 상당 부분, 우리가 앞에서 환기했던 이중 제약에서 비롯된다. 처음부터 명확하게 주어진 행동 지침은 없지만, 당신은 항상 어떻게 행동해야 할지 생각해야 한다. 당신이 어떤 행동이나 말을 하자마자 심리 조종자는 당신의 선택을 철저히 깎아내릴 것이다. 그런 말을 하지 말았어야 했다, 그런 행동은 하지 말았어야 했다…. 그러니까 당신이 한 일은 무조건 잘못이다.

이러한 맥락에서 당신은 죄책감을 느끼게 된다. 똑똑히 짚고 넘어가자. 어차피 심리 조종자는 당신이 뭘 어떻게 하든 좋게 보지 않을 것이다. 그러니 당신은 자신이 해야 한다고 생각하는 일을 하면 된다. 나중에 그 사람이 뭐라고 하든지 간에 신경 쓸 것 없다.

완벽주의에 대한 환상　당신도 이미 느끼고 있겠지만, 심리 조종자는 당신에게 완벽을 요구하면서 자기는 아무렇게나 행동한다.

그렇듯 게임의 규칙은 통일되어 있지 않다. 당신이 완벽해야 하고, 모르는 것이 없어야 하고, 심리 조종자의 모든 요구에 즉각적으로 부응해야 한다는 가혹한 규칙을 예외 없이 철저하게 따라야 하는데 그에게는 별의별 변덕과 모순이 다 허용되는 것이다.

자기 자신의 윤리　심리 조종자들은 당신의 윤리를 내세워 당신을 옭아맬 줄 안다. 이런저런 금기를 많이 정해 둘수록, 의무적으로 해야 한다고 생각하는 행동이 많을수록 당신은 조종당하기 쉬워진다. 가끔은 자기 자신에게 게으름을 허용하거나, 바보처럼 굴거나, 스스로에게 이기적인 행동을 허해라. 당신의 조종자가 더 이상 당신의 윤리를 이용하지 못하도록.

자기 자신의 금지를 아는 법　당신을 옭아매고 있는 모든 금지를 해제하려면 그것들을 파악하는 작업부터 시작해라. 금지들을 파악하는 심리기제는 다음과 같다. '나는 나 자신에게 허락하지 않은 행동을 다른 사람들이 하면 비난한다.' 당연한 얘기다. 자신에게도 허락할 수 없는 행동을 다른 사람들이 버젓이 한다면 당연히 화가 날 것이다!

예를 들어 보자. 어떤 여자가 호피무늬 핫팬츠에 하이힐을 신고 지나가는 여자를 보고는 천박하고 선정적인 옷차림이라며 흥분해서 흉을 본다. 이러한 비판은 핫팬츠 차림의 여자보다는 흉을 보는 여자에 대해 더 많은 것을 말해 준다. 그녀는 천박하고 선정적인 옷차림을 해서는 안 된다는 지침을 갖고 있는 것이다.

개인적 금지를 의식하고 나면 유연성을 갖고 조금 다른 행동도 해 볼 수 있다. 사실 어떤 상황에서는 조금 섹시한 모습, 아니 매우 섹시한 모습을 보여 주는 것도 바람직하지 않은가? 어느 선을 넘으면 천박하다고 하나? 그런 기준은 누가 정하나? 이 엄격한 규칙에 예외는 없을까?

이 여자가 '나도 섹시할 수 있어. 내가 원한다면 천박해질 수도 있지. 하지만 내가 그런 건 원치 않아.'라고 생각할 수 있을 때쯤이면 남을 비판하고 싶은 욕구도 묘하게 사라질 것이다. 호피무늬 핫팬츠를 입은 여자가 지나가도 아무 생각이 나지 않을 만큼. 기껏해야 '저 옷은 내 취향이 아니야.'라고 넘어가는 것이 고작일 만큼.

이런 식으로 금지를 삶에서의 선택으로 바꾸어 생각하고 유연한 행동방식을 취할 수도 있다. 예를 들어 "화를 잘 내는 사람은 정말 못 참아!"라고 하는 대신 "화를 잘 내는 사람은 싫지만 필요하다면 나도 화를 낼 수 있어."라고 바꾸어 생각하는 것이다.

당신을 수많은 금지에서 자유롭게 풀어 줄 중요한 문장은 이거다. "내가 …해야 한다는 말이 어디에 쓰여 있는데?" 예를 들면 "내가 완벽해야 한다는 말이 어디에 쓰여 있는데?" "내가 거절을 한다고 해서 못된 사람이 되란 법이 어디 있는데?"

가장 먼저 스스로에게 허용해야 할 것이 있다. 상대가 대화를 하려는 것이 아니고 다른 사람을 휘어잡으려는 생각밖에 없다면, 우리에게는 그 사람과의 소통 자체를 거부할 권리가 있다.

과도한 책임을 떠안은 경우의 죄의식

과도한 책임감에 따른 죄의식은 '나는 다른 사람의 삶에 책임을 져야 한다.'로 나타난다.

심리 조종자와 얽히면 당신은 100퍼센트, 그는 0퍼센트로 책임을 나눠 갖게 된다. 당신과 그의 관계는 전적으로 당신 책임이다. 당신이 항상 먼저 전화를 걸어서 그의 소식을 물어야 한다. 당신은 어쩌면 전화를 걸지 않았다는 데서 오는 죄책감을 이미 경험해 보았는지 모른다.

혹시 당신은 이렇게 생각하는 사람인가? '난 배은망덕한 아들이야. 일요일에 어머니께 전화를 드렸어야 했는데, 하지 않았어. 어머니께서 얼마나 걱정하실까?' 하지만 한 번쯤 어머니가 먼저 전화를 할 수도 있는 일이다. 아들을 정말로 걱정하는 어머니라면 더욱더 그러지 않을까! 그러나 지배 관계에서는 둘 사이의 관계가 조화롭게 돌아가느냐, 갈등과 불화로 얼룩지느냐는 오로지 당신 하기에 달렸다.

소통 관계에서는 양측이 50 대 50으로 책임을 나눠 갖는다. 그런데 심리 조종자는 절대로 자기가 져야 할 50퍼센트의 책임을 지지 않는다. 그렇기 때문에 심리 조종자와의 소통은 결코 개선되지 않는다. 그는 소통이 아니라 조종을 원할 뿐이다. 당신은 그를 억제하고 그의 조종에 역행하는 것 외에는 방법이 없다. 당신은 비교적 평화로울 수 있겠지만, 충분히 경계를 하지 않으면 그가 언제 또 당신의 영토에 발을 들일지 모른다. 그러니 평화롭고 조화로운 관계는 아예 포기해라. 당신이 자신의 책임과 상대의 책임을 구분한다면 부담을 한결 덜 느낄 것이다. 당신 혼자 짊어지던 책임이 이제 절반으로 줄어드니 당연한 일 아닌가!

전능함에 대한 환상을 버려라　당신 자신의 비겁함을 살펴보았다면 이제는 당신의 죄의식에 대한 순진한 요구를 자각해 보면 좋겠다. 당신은 자신을 실제보다 훨씬 더 능력 있고 강한 사람으로 생각하고 있지는 않은가? 내가 다른 사람을 유익하게 할 수도, 해를 끼칠 수도 있다고 믿고 있지는 않은가?

우리는 상대의 허용 없이는 어떤 것도 할 수 없다. 행복해지고 싶은 마음이 없는 사람을 행복하게 해 주려고 애써 보라. 반대로 결코 불행해지지 않으려고 하는 사람을 당신이 불행하게 만들 수도 없는 일이다. 그러므로 때로는 죄의식을 느끼는 것 자체가 자신의 무력함을 인정하지 않으려는 태도가 되기도 한다. 심리 조종자를 상대로 관계를 개선하려고 아등바등해 봤자 소용없다. 그와는 대화가 불가능하거니와, 그가 잘못을 인정하게 만들 수도 없고 그를 행복하게 만들 수도 없다. 포기해라!

그러니 상대가 "너는 문제가 있어. 상담이라도 받지 그래?"라든가 "너 때문에⋯."라는 식으로 또다시 자기 몫의 책임을 떠넘기려 하면 당신은 미리 준비해 놓은 말로 간단하게 대꾸하고 넘어가라. "부부는 한 몸이야. 잘되면 같이 잘되고 망가지면 같이 망가지는 거야. 한쪽에만 책임이 있을 수는 없어." "남 탓을 하기는 쉽지!" "상황을 묘하게 꼬아서 말하지 마!"

다른 사람에 대한 책임에 한계를 두어라 심리 조종자가 당신에게 요구하는 것들을 목록으로 정리한 다음 객관적인 눈으로 다시 보라. 객관성을 확보하기 위해 그러한 요구를 일반적인 맥락에 위치시키고 다음의 질문들을 던져 보라.

- 남편이 아내에게 일반적으로 이런 요구를 할 수 있는가?
- 아내가 남편에게 일반적으로 이런 요구를 할 수 있는가?
- 아버지(어머니)가 자식에게 일반적으로 이런 요구를 할 수 있는가?
- 형제(혹은 다른 가족 구성원)가 가족에게 일반적으로 이런 요구를 할 수 있는가?
- 사장이 직원에게 일반적으로 이런 요구를 할 수 있는가?

- 내가 그의 입장이라면 나도 똑같은 요구를 할 수 있을까?
- 나와 제일 친한 친구가 이런 요구를 당한다면 나는 그 친구에게 뭐라고 말해 줄까?

다른 사람에 대한 내 책임의 한계를 분명히 하려면 이러한 일반화를 통해 부부, 가족, 친구 사이에서 그리고 직장에서 정상적이고 공평한 관계를 수립하기 위해 당신 자신은 어떤 요구를 해야 할지 생각해 보아야 한다. 당신의 요구를 일단 목록으로 정리하고 나면 이상적인 방향과 자신의 현실 사이에 얼마나 심각한 간격이 있는지 알게 될 것이다. 조금씩 당신의 영토를 회복하고 경계를 다시 세워라. 항상 이 말을 염두에 두면 도움이 될 것이다. "남편(사장, 어머니, 아내 등)이 아내(직원, 딸, 남편 등)에게 이런 요구를 하는 건 절대로 정상이 아니야."

언제나 주의를 늦추지 마라

의심, 두려움, 죄의식의 악순환을 끊어 버리려면 주의를 늦추지 말고, 수시로 나 자신과의 계약을 상기하고, 말의 함정에 빠지지 말고, 객관적인 사실만을 보려고 노력해야 한다. 가장 좋은 방법은 하얀 종이 위에 검정색 펜으로 분명한 사실, 나 자신과의 약속, 기한 등을 적어 잘 보이는 곳에 두는 것이다. 지배의 최면에 다시 빠지지 않으려면 이러한 노력이 필요하다. 하지만 또다시 함정에 빠질 수도 있음은 충분히 예측 가능한 일이며, 그렇게 되더라도 지배에서 벗어나는 원동력으로 삼으면 된다.

심리 조종의 피해자는 이따금 자기가 왜 저 완벽하고 선의 넘치는 사람을 비난하는지 스스로 이해가 안 될 것이다. 그러다 그가 도발을 하면 그제야 자기가 얼마나 당하고 살았는지 기억이 되살아난다. 그럴 때는 절대로 낙담하지 말고 다음의 세 가지 지침을 떠올려라.

- 지배의 모든 메커니즘을 이해할 것
- 상징적인 행동이라도 반드시 취할 것
- 자동적인 반응에서 벗어나 새로운 행동방식을 선택할 것

물론 당신이 지배에서 벗어나려 하면 그는 더 심하게 압박할 것이다. 심리 조종자가 오래전부터 당신의 인간관계를 불편하게 만들었다면 이제는 한층 더 고삐를 잡아당길 것이다. 도망치지 말고 그러한 불편함을 뛰어넘는 법을 배워라. 평화를 얻기 위해 너무 빨리 항복하기보다는 길게 보고 용기와 결단으로 버텨야 한다. "못 참겠어." "이제 못 하겠어."라고 말하기보다 "지금부터 나는 견뎌 낼 거야."라고 말해 보자. "그녀가 우는 모습을 도저히 못 보겠어."라는 말은 "지금부터 그녀가 아무리 동정심을 자극해도 넘어가지 않겠어."라는 말로 바꾸자.

과거의 사고방식, 행동방식은 우리에게 익숙하기 때문에 안심이 되고 편한 측면이 있다. 반대로 새로운 행동방식은 왠지 불안하다. 그것이 어떠한 결과를 낳을지 아직 예측이 잘 안 되기 때문이다. 그렇지만 당신은 지배 관계 속에서 오랫동안 보지 못한 당신 자신을 이제 다시 만나게 될 것이다. 자신의 쾌활함, 역동적인 태도, 낙천주의, 개인적인 흥밋거리를 되찾게 될 것이다.

인내심을 갖자. 최초의 구체적인 결과들이 이제 곧 당신의 기운을 북돋아 줄 것이다. 앞으로 어떻게 살고 싶은지 그 변화를 미리 머릿속으로 시각화해 보자. 그러한 변화를 실천에 옮기면서 힘, 자부심, 자신감, 용기, 기쁨, 활기, 희망, 긍정, 기운, 능력 등의 긍정적인 감정을 한껏 음미해라.

심리 조종자와의 논쟁에서 이길 수 있는 말들

심리 조종자와 길게 토론을 해 봤자 아무 소용도 없다는 점을 잊지 말자. 당신의 목표는 어디까지나 소득 없이 진만 빼는 논쟁에 말려들지 않고 바깥에 머무는 것이다. 짧게 대답하는 연습, 침묵을 지키는 연습을 하기 바란다. 심리 조종자가 당신을 도발할 때에 그 도발에 넘어가지 않기 위해 가볍게 입 밖으로 내뱉거나 속으로 되뇌면 도움이 될 만한 말들을 모아 봤다.

- "그건 네 얘기지."

- "그렇게 생각하는 건 당신 자유야."
- "그거야 네 의견이고.(내 의견은 달라.)"
- "무슨 말인지 잘 알아들었으니까 나도 곰곰이 생각해 보고 내일 말해 줄게."
- "법대로만 하자. 더도 말고 덜도 말고 딱 법대로만 하자."
- "부부는 한 몸이야. 잘되면 같이 잘되고 망가지면 같이 망가지는 거야. 한쪽에만 책임이 있을 수는 없어."
- "내가 그렇게 해야 한다는 법이라도 있나?"
- "그런 게 정상이라고 생각해?"
- "상황을 묘하게 꼬아서 말하지 마."

여기에 당신이 스스로 생각해 낸 말을 추가해도 좋다. 자신이 겪는 상황과 맥락에 꼭 맞으면서도 간단하고 효과적인 말이 많이 있을 것이다. 혼란스러운 수작들 속에서 사태를 명쾌하게 보여 주는 말, 나의 입장을 차분하지만 분명하게 드러내는 말이.

04
두 번 다시
심리 조종은
없다

어느 정도 거리를 확보한 상태에서 지배 관계를 바라보면 다음과 같은 것을 깨닫게 된다.

- 폭력은 개별적인 것이 아니라 상호 작용에 의한 것이다.
- 상호 작용의 당사자들은 거기에 가담해 있기에 책임이 있다. 도발하는 쪽에 절반의 책임이 있다면 도발에 반응하는 쪽도 절반의 책임이 있다.
- 모든 성인은 자신의 안전을 책임지고 자신의 심신을 온전하게 지킬 수 있어야 한다. 성인으로서 이러한 책임을 다하지 않는 자세가 다

른 사람의 파괴적인 습성을 자극하여 상호 폭력을 유발하거나 유지
시킬 수도 있다.

물론 지배가 워낙 음험하고 은밀하게 자리 잡기에 피해자의 경계심이
차츰 마비되고 방어기제가 둔화되는 것도 이해는 간다. 그렇지만 이제
는 잠에서 깨어나 정신 차리고 대처해야 한다. 지배에서 벗어나고 말고
는 의무가 아니다. 그건 어디까지나, 그 어느 때나, 개인의 선택이라야
한다. 오직 피해자만이 결단을 내릴 수 있다.

피해자에게 의향을 묻고 동의와 결단을 얻어 낸 후가 아니라면 제삼
자가 아무리 그를 지배 관계에서 빼내려고 용써 봤자 100퍼센트 실패
한다. 기껏해야 몇 가지 생각을 일깨워 줌으로써 변화의 씨앗을 뿌리는
정도이다. 하지만 그 씨앗이 싹을 틔우고 피해자 스스로 결단을 내리기
까지는 더러 아주 오랜 시간이 걸린다.

차이와 권위를 받아들이고 좌절에 낙심하지 않으며 타협과 협상을
하려는 자세는 일반적으로 폭력적인 반응을 불러일으키지 않는다. 그
런데 이런 과정이 잘 학습되지 않으면 신체적, 정신적 폭력이 갈등 해결
방식으로 아예 굳어 버리기도 한다. 나는 이 책을 읽는 여러분이 여러분
의 심리 조종자 또한 이 경직된 문제 해결 방식에서 벗어날 수 없음을
깨닫기 바란다. 그는 앞으로도 자신의 문제 행동을 버리지 못할 것이
다. 당신이 아무리 뛰어난 대화의 기술을 일상적으로 발휘한다 해도 그
사람과 좋게 해결해 보려는 시도는 백이면 백, 실패할 것이다.

반(反)조종
기법을 쓰자

건설적인 협력 관계가 불가능할 때에는 조종에 역행하는 반조종 기법을 배워 둘 필요가 있다. 심리 조종자를 상대할 때에는 반조종만이 유일하게 효과가 있는 소통 방식이기 때문이다. 양심에 거리낄 것 전혀 없다. 반조종은 다른 사람을 조종하는 기법이 아니며 위선적인 행위도 아니다. 생각 없이 인간관계에 엮여 들어가거나 갈등으로 치닫지 않도록 자신을 보호하는 기술, 자신의 요구와 거부를 분명히 하면서도 분위기를 살벌하게 만들지 않는 기술이라고 보면 된다.

정보를 쥔
사람이 되라

반조종은 자기보호라는 목표에 입각하여 정보를 쥐는 것이다. 정보를 쥔다는 것은 성숙을 기하는 하나의 방식이기도 하다. 어엿한 성인은 아무에게 아무 말이나 하지 않는다. 심리 조종자가 성실과 정직은 위대한 가치라고 떠벌리는 이유는 피해자를 홀딱 벗기기 위해서다. 반면에 그는 자기 일에 대해서는 거짓말을 하거나 교묘하게 숨김으로써 결코 자신을 보여 주지 않는다. 그러니 당신도 똑같이 해라. 당신도 이미 깨달을 기회가 여러 차례 있지 않았는가? 당신이 그에게 말했던 자신의 이야기가 어느새 그의 손에 든 무기로 변해 있지 않았던가?

상대가 적게 알수록 당신에게 피해 입힐 일도 줄어든다. 아무 말도 하지 않는 법, 물어보아도 대답하지 않는 법, 애매하게 대꾸하고 넘어가는 법, 침묵을 고수하거나 화제를 바꾸는 법을 익혀라. 심리 조종자의 화법, 즉 말과 생각이 따로 노는 방식을 따라 할 줄도 알아야 한다. 그렇다. 자기방어라는 목표에 어긋나지 않는다면 과감하게 거짓말을 해도 좋다. 거짓말까지는 아니더라도 "어떻게 되든 난 상관없어요." "사람들이 뭐라고 하든 난 아무렇지도 않아요." "그런 말을 들어도 하나도 겁나지 않아요."라고 말할 수 있어야 한다. 그러면 심리 조종자는 '하나도 안 무섭거든!' '난 끄떡없거든!'의 뜻으로 알아듣고, 그 말을 믿을 것이다.

이러한 방식으로 대처하면 심리 조종자가 당신의 허를 찌를 기회를 찾기 어렵기 때문에 당신에게 훨씬 이로울 것이다.

평온하게 자기주장을 하라

반조종의 두 번째 핵심은 자기주장이다. 입씨름을 하고, 협상을 모색하고, 일일이 설명하고, 구구절절 변명하고, 요구하고 애원하는 일에 시간을 낭비하지 마라. 요컨대 당신이 배워야 할 자세는 당신이 원하는 것에만 집중하고 미주알고주알 털어놓지 않는 것이다. 간결하고 차분하게, 그렇지만 확실하게 당신이 원하는 바를 말해라. 부연 설명을 달지 말고 당신이 원하는 것만 계속해서 되풀이해라. 투견이 한번 문 것을 놓지 않듯이, 턴테이블에 올려놓은 음반이 쉴 새 없이 뱅글뱅글 돌아가듯이.

예를 들어 어머니랑 통화할 때마다 화내거나 짜증이 난다면, 한 번씩 같은 얘기를 짚고 넘어가라. "아뇨, 엄마, 크리스마스에 집에 안 갈 거예요. 다른 일정이 있어서요."

그다음에는 "엄마, 지난번에도 말씀드렸지만 크리스마스에는 안 가요. 저희는 다른 계획이 있어요."라고 말한다.

"엄마, 제가 두 번이나 말씀드렸지만, 크리스마스에는 집에 안 가요. 다른 계획이 있어요." 그렇게 몇 번을 되풀이하고 나면 크리스마스 파티를 며칠 앞두고서도 마음이 차분할 것이다.

"엄마, 제가 크리스마스에는 못 간다고 한 달 전부터 열 번도 넘게 말했어요. 엄마는 제 얘기를 듣고 싶지 않으셨나 본데, 다시 한 번 말씀드릴 수밖에 없네요. 크리스마스에 우리 식구는 거기 안 가요."

그러다 마지막에는 간단하게 "싫어요." "안 돼요."라고만 말하는 연습을 하자. 변명을 할 필요도 없고, 거짓 핑계를 갖다 붙일 필요도 없다. 명심해라. "안 돼요."는 그 자체로 완전한 문장이다. 이 문장은 아무 말도 덧붙이지 않을 때 가장 빛난다.

당신이 지금까지 지배 관계에 매여 살아왔다면 이제 그 불행한 경험을 벗어나 자기주장과 자기방어에서 정말로 소중한 것을 배워야 할 것이다.

당신은 이제 아무에게도 고백할 수 없는 당신 자신의 가담과 동조를 정면으로 마주할 수 있다. 당신은 너무 친절했고, 너무 자신만만했고, 너무 자기주장을 할 줄 몰랐고, 너무 좋게만 넘어가려고 했다. 그러니 이제 확실하게 결심해라. 앞으로 친절에도 한계를 두고, 다시는 남의 말에 휘둘리지 않으며, 헛된 약속에 매이지 않겠다고.

선량하고 호감 가는 사람들도 경계해야 할까? 아니, 그런 얘기가 아니다. 사람을 사귀기 전에 충분히 시간을 들여 상대의 말과 행동이 일치하는지 살펴보기만 하면 된다. 또 당신이 남을 위해 해 준 일과 다른 사람이 당신에게 해 준 일을 분명히 파악함으로써 마음의 빚을 착각하지 않도록 해라. 마지막으로, 그 누구에게도 당신을 존중하지 않아도 된다는 생각의 여지를 주지 않도록 주의해라.

나에 대한 존중은 남에게 부탁해서 되는 게 아니라 스스로 챙겨야 하는 것이다.

ÉCHAPPER
AUX
MANIPULA
TEURS

천사표 아닌 본래의
나를 찾는 과정

이 책을 써야겠다는 결심을 하고서, 내게 상담을 받고 있던 사람들에게 그 사실을 알렸다. "~를 하려면 어떻게 해야 할까요?"라고 물어보기도 하고, "만약 ~게 되거든 잘 보세요."라고 부탁도 하면서 많은 도움을 받았다.

그들은 그러한 현장조사원 역할을 좋아했다. 관찰자 입장에서 지배의 메커니즘을 바라보면서 자신이 처한 상황에 대해서도 거리를 취할 수 있게 되었고, 그 거리는 매우 이롭게 작용했기 때문이다. 덕분에 예전 같으면 바들바들 떨며 불안해했을 상황도 피식 한 번 웃고 넘기거나 폭소를 터뜨릴 만한 일로 여길 수 있었다. 어떤 이들은 내가 옆에 붙어서 경기 중계하듯 상황을 해설하고 있다는 상상을 하는 습관을 들였고,

또 어떤 이들은 나에게 모든 것을 보고해야 한다고 상상하며 냉정한 관찰자의 입장을 견지하곤 했다.

그들은 자신을 그토록 괴롭혔던 이 지배 관계에 대해 좀 더 좋은 책이 나올 수 있도록 한몫을 한다는 데 특별한 자부심을 느끼는 것 같았다. 그들의 적극적인 참여가 없었더라면 이 책은 나오지도 못했을 것이다. 그들 한 사람, 한 사람에게 따뜻한 고마움을 전한다.

베로니크가 생각난다. 그녀는 전남편이 아들의 양육권을 빼앗아 가기 일보 직전에 우리 상담실을 찾아왔다. 베로니크는 극도의 스트레스와 공황 상태에 빠져 있었기에 판사나 복지시설의 신뢰를 얻지 못했다. 판사나 시설 관계자들은 베로니크의 전남편 주장대로 그녀가 정신이상자라고 생각하고 있었다.

몇 달 후, 상황이 역전됐다. 양육권청구소송을 담당한 판사는 뭐가 뭔지 모르겠다는 심경이었다. 전남편은 전처가 방만하고 머리가 돈 여자라서 아들을 제대로 키울 수 없다고, 이대로 두면 자기 아들은 범죄자가 되어 교수형을 당하고 말 거라고 고래고래 소리를 질렀다. 반면에 좀 문제가 있어 보였던 전처는 차분하고 객관적인 태도로 정체성의 혼란기에 있는 청소년의 장래를 그렇게 성급히 재단해서는 안 된다고 대꾸하는 게 아닌가.

몇 년 후, 나는 우연히 시내에서 베로니크와 마주쳤다. 그녀는 웃으면서 자기 전남편은 하나도 변하지 않았다고, 책에 실어도 좋을 예들을 얼마든지 제공할 수 있다고 말했다. 그녀가 여유롭게 웃는 모습을 보니, 나도 기뻤다.

장 폴이 지배 관계에서 벗어난 지도 3년이 됐다. 그가 엉엉 울던 때가 기억난다. "그녀는 왜 그렇게 못됐죠?" 나에게 그렇게 물었다. 그런 장 폴이 여자 친구가 생겼다며 메일을 보내왔다. 한때 전처의 농간으로 그녀와의 사이에서 태어난 아이들과는 소원하게 지내야 했지만, 이제는 그 아이들과도 원만하게 지낸다고, 지금은 마음이 참 편하고 좋다고 했다.

지배에서 벗어나는 것은 다시 태어나는 것이다. 나는 나를 찾아온 이들에게 상담을 통해 이 해방의 치료 작업을 하면서 산파가 된 듯한 기분을 느끼곤 한다. 그들이 그들 자신을 낳도록 도와주고 힘을 북돋아 주는 사람 말이다. 그러한 경험은 사람과 사람을 아주 친밀하고 단단한 관계로 이어 주기 때문에 나 역시 그들 한 사람, 한 사람에게 각별한 애정을 느낀다. 심리 조종의 피해자들은 원래 천성적으로 밝고 낙천적이고 활기가 넘치기 때문에 그들이 삶의 기쁨을 되찾은 모습을 보고 있으면 정말로 흐뭇하다.

이제 책은 완성되었지만, 이 책을 준비하는 과정에서 건설적인 치유가 이루어지는 것을 보았기에 여러분도 그러한 치유 과정을 습득할 수 있었으면 좋겠다. 여러분이 나를 위해 현장조사를 한다고 상상하고 이런저런 세부 사항들을 기록하거나 예시로 삼을 만한 일들을 찾아보기 바란다. 여러분 자신이 겪은 일을 글로 써도 좋고, 여러분이 지금 겪는 상황과 묘하게 맞아떨어지는 이 책의 한 대목을 내가 바로 옆에서 일깨위 주고 있다고 상상해도 좋다.

　나는 우리 모두의 의식을 고취할 필요성을 느꼈기 때문에 이 책을 썼다. 저마다 자기가 하는 말의 암시성, 겉으로 보기에는 참으로 관대한 심리 조종자와 정신적으로 불안한 듯한 피해자가 빚어내는 기만적 상황 등에 대해 경계할 필요가 있다.

　심리 조종자들의 유일한 무기는 그들이 우리에게 불러일으키는 공포다. 나이는 먹을 만큼 먹었으면서도 여전히 버릇없고 못돼 먹은 아이 같은 그들이 주위 사람들의 삶을 좀먹는 것을 보고만 있을 텐가? 그들은 언제쯤 제대로 벌을 받을까? 그들이 자기가 한 짓에 대한 대가를 치르게 하고 그들의 잘못을 반드시 교정하게 한다면 심리 조종의 여지는 남지 않을 것이다. 이미 굳어 버린 미성숙은 그 자체가 하나의 병이다. 그런 미친 짓이 판치게 내버려 두어서는 안 된다.

　심리 조종자들은 늘 있어 왔지만, 그들이 출현하게 되는 계기가 더 늘었고 현대인의 생활 방식 때문에 그런 사람들을 만날 가능성도 높아졌다. 특히 오늘날에는 아이를 어른과 동등하게 여기고 아이의 눈높이에 맞춰 교육을 해야 한다고 생각하기 때문에 아이에게 권위와 질서를 가르치는 일은 소홀히 하기 쉽다. 그렇다 보니 아이들은 은연중에 타인의 심리를 떠보거나 자기 마음대로 휘두르는 태도, 어른들을 쉴 새 없이 부리는 태도, 떼를 쓰거나 괴롭힘으로써 관심과 주의를 끌려는 태도를 체득하곤 한다. 이런 식으로 인간관계를 맺는 방법을 체득한 아이들이 장차 어떤 어른이 될까? 그들은 과연 불만을 다스리고 타협을 모색할 수 있을까?

나는 지금 해변에 있다. 열 살 남짓한 여자아이가 배고파 죽겠다고 성화다. 식사 시간까지 참을 줄도 알 법한 나이이건만, 여자아이는 "엄마, 내가 배고프다고 했지!"라며 자못 권위적인 말투로 엄마를 닦달한다. 엄마의 첫 반응은 충분히 그럴 만한 반응이다. "오전 11시 30분이구나. 30분 있다가 점심 먹자."

아이는 부루퉁한 얼굴로 엄마를 노려보며 잠시 생각을 하는 듯하더니 다시 엄마를 공략하기 시작한다. 엄마는 친구와 방금 전까지 주고받던 얘기를 이어 나가려 하지만 딸아이가 가만히 있지 않는다. "엄마, 몇 시야?" 아이가 1분에 한 번꼴로 물어본다. 그 사이사이에는 참으로 다양한 불만이 쏟아져 나온다. "심심해!" "더워!" "수건이 안 펴져!" "이제 나 뭐해?" "엄마, 나 더워 죽겠어!" "나 집에 갈래!"

엄마도 짜증의 연속이다. "너, 엄마 좀 귀찮게 하지 마!" 나중에는 빈 정대기까지 한다. "넌 그냥 집에 틀어박혀 텔레비전이나 보게 내버려 둘 걸." 그다음에는 딸이 싫다고 할 걸 뻔히 알면서 괜히 과일을 권해 본다.

딸아이는 10분간 떼를 쓰고 승리를 거머쥐었다. 정확히 오전 11시 40분에 그 아이는 엄마가 사다 준 큼지막한 샌드위치를 의기양양하게 한 입 물었다.

해변가 보도에서는 한 아빠가 다섯 살짜리 아들을 혼내고 있다.

"자전거를 타고 싶다고 했잖아. 그럼 페달을 밟아야지!" 아빠는 달래 듯이 이 말을 덧붙인다. "아빠가 밀어 줄까? 자, 한번 가 보자!"

하지만 아이는 심통이 나서 울기만 한다. 엄마가 끼어든다. "애 좀 내 버려 둬. 쟤가 지금 피곤해서 그래!"

아빠는 고집을 꺾지 않는다. "쟤가 자전거를 타고 싶다고 해서 나온 거잖아? 그러면 자전거를 타야지!"

아이의 울음소리가 한층 더 커진다. 엄마는 아이를 자전거에서 번쩍 들어 올려 자기 품에 꼭 끌어안는다.

아빠가 엄마에게 고함을 지른다. "애가 우릴 갖고 노는 게 안 보여? 하여간 외출만 했다 하면 이 사달이 나지! 당신은 애 손에 놀아나서 남 편을 바보 만든다니까!"

아이는 의기양양해서 엄마 품에 안긴 채 아빠에게 도전적인 시선을 보낸다. 아빠는 화가 나서 자전거를 발로 뻥 차고 저만치 가 버린다.

저 아이가 이런 상황들을 겪으면서 뭘 배울까? 엄마가 편을 들어주니 자기가 아빠보다 더 힘세고 높은 사람이라고 착각하지나 않을까!

사회 전반적인 정서가 이렇다. 아이는 부모 중 어느 한쪽에게 혼이 나면 쪼르르 다른 쪽에 달려가 냉큼 안긴다. 아이는 자기를 혼낸 부모를 대수롭지 않게 생각하는데, 다른 쪽 부모는 그러한 사실을 부정하고 아이를 달래기에 급급하다. 이렇게 아이들은 잘못해도 벌을 받지 않을 수 있다는 것을 배우고 어른들은 어리석고 조종하기 쉬운 사람들이라고 생각하게 된다. 어른들은 아이들을 제대로 교육하는 법을 한시바삐 배워야 한다!

다른 한편으로, 우리가 만나는 심리 조종자들은 비록 해를 끼치는 존재이지만 우리 자신을 제대로 알게 해 주는 실질적인 기회를 제공한다. 그들은 본능적이고 즉각적으로 우리의 약점, 의심, 두려움, 금지, 콤플렉스를 드러내게 하고 아울러 개선할 기회도 제공한다. 그들 덕분에 우리는 천사표에서 벗어나 현실적으로 자기를 보호하게 된다.

결국 지배에서 벗어난다고 가정하면, 심리 조종자들과의 만남도 장기적으로는 긍정적인 면이 있다고 말할 수 있다. 그들이 없었다면 우리의 입장을 정립하고, 차분하게 자기주장을 내세우고, 상대가 나를 존중하게 만드는 법을 어떻게 배우겠는가. 그들의 존재 의의는 우리를 성장시키는 데 있지 않을까.

이러한 시각에서 본다면 심리 조종자들이야말로 우리를 발전시키는 데 도움을 주고 우리 자신을 사랑하는 법을 따끔하게 일깨우는 스승들이 아닐까.

Beauvois J.L. & Joule R.V., *Petit traité de manipulation à l'usage des honnêtes gens*, PUG, Grenoble 2002.

Berne Eric, *Games People Play: The Basic Handbook of Transactional Analysis*, Grove Press Inc., 1964.(『심리 게임』이란 제목으로 2009년 번역 출간)

Clerc Olivier, *Le Tigre et l'araignée*, Éditions Jouvence, 2004.

Clerc Olivier, *La Grenouille qui ne savait pas qu'elle était cuite*, J.C. Lattès, 2005.

Crève-Cœur J.J., *Relations et Jeux de pouvoir*, Éditions Jouvence, 2000.

Farelly Franck, *La thérapie provocatrice*, Éditions Satas, Bruxelles 2009.

Forward Suzan, *Emotional Blackmail: When the People in Your Life Use Fear, Obligation, and Guilt to Manipulate You*, William Morrow Paperbacks, 1998.(『협박의 심리학』이란 제목으로 2008년 번역 출간)

Forward Suzan, *Toxic Parents: Overcoming Their Hurtful Legacy and Reclaiming Your Life*, Bantam, 2002.(『독이 되는 부모』라는 제목으로 2008년 번역 출간)

Harrus-Révidi Gisèle, *Parents immatures et enfants adultes*, Payot, Paris
　2001.

Hirigoyen Marie-France, *Le Harcèlement moral*, Pocket, Paris 1998.

Hirigoyen Marie-France, *Le Harcèlement moral dans la vie professionnelle*,
　Pocket, Paris 2001.

Kiley Dan, T*he Peter Pan Syndrome-Men Who Have Never Grown Up*, Avon
　Books, 1983.(『피터 팬 신드롬』으로 1984년 번역 출간)

Nazare-Aga Isabelle, *Les Manipulateurs sont parmi nous*, Éditions de
　l'Homme, Paris 1997.

Nazare-Aga Isabelle, *Les Manipulateurs et l'amour*, Éditions de l'Homme,
　Paris 2000.

Perrone Reynaldo & Nannini Martine, *Violence et abus sexuel dans la famille*,
　E.S.F, Paris 1995.

Petitcollin Christel, *Victime, bourreau ou sauveur, comment sortir du piège?*
　Éditions Jouvence, 2006.

Raquin Bernard, *Ne plus se laisser manipuler*, Éditions Jouvence, 2003.

Rhodes Daniel & Kathleen, *Le Harcèlement psychologique*, Marabout, Paris 1999.

Thalmann Yves Alexandre, *Tous des manipulateurs?*, La question, Grolley (CH) 2003.